MÓJ PIERWSZY MARATON

TIM ROGERS

Tytuł oryginału: *Be your best at marathon running.*

Przekład: Anna Siecińska
Redakcja: Barbara Jampolska-Wasiak
Korekta: Matylda Pawłowska
Zdjęcie na okładce: Robyn Golding (iStockphoto.com)

First published in UK 2006 by Hodder Education, part of Hachette UK.

Wydawnictwo Buk Rower
Strzelecka 6/27
03-433 Warszawa
www.bukrower.pl

ISBN 978-83-64131-09-7

MÓJ PIERWSZY MARATON

TIM ROGERS

Przekład Anna Siecińska

BUK ROWER
WARSZAWA 2014

PODZIĘKOWANIA

Pisanie tej książki stało się dla mnie fascynującym doświadczeniem, ale bez wsparcia mojej żony Lisy, niezmiennie okazującej mi cierpliwość mimo mojego nieustannego ślęczenia przy biurku, byłoby zadaniem o wiele trudniejszym. Dziękuję wszystkim z portalu Realbuzz.com, którzy pomagali w redagowaniu tekstu – w szczególności Kristie McIntosh. Wielkie dzięki dla zespołu Hodder oraz organizatorów Maratonu Londyńskiego. Dziękuję mojemu synowi Samowi, który zbiera, a potem zwykle gubi pamiątki z moich maratonów. Sam, mam nadzieję, że w przyszłości poznasz to uczucie towarzyszące przekraczaniu mety maratonu po raz pierwszy w życiu. Za wsparcie dziękuję także uczestnikom moich treningów.

Dziękuję również dwójce moich najmłodszych dzieci Zakowi i Avie, które codziennie motywują mnie do działania.

Tim Rogers

Spis treści

POZNAJ AUTORA

Witaj w *Moim pierwszym maratonie*!

W 1996 roku zacząłem szukać czegoś, co pomogłoby mi relaksować się po pracy i było jednocześnie formą odskoczni od sprawy rozwodowej; zacząłem więc biegać.

Decyzja ta całkowicie odmieniła moje życie. Mając na koncie 62 ukończone maratony w różnych częściach świata, nadal biegam, biorę udział w imprezach biegowych na całym świecie i mam wiele zapału do dalszych działań. Tak właśnie działa maraton – uzależnia.

I choć mam już spore doświadczenie, bez względu na to, ile razy pokonałem czy pokonam w przyszłości magiczny dystans 42,195 km, zawsze będę pamiętał, jak zaczynałem i jakie to uczucie przekroczyć linię mety pierwszy raz w życiu.

Wbrew obiegowej opinii przygotowanie do maratonu i ukończenie go to wyzwanie w pełni osiągalne dla większości ludzi, czego, mam nadzieję, dowiodę w tej książce. Miałem przyjemność trenować tysiące ludzi, wielu z nich pomagając w ukończeniu maratonu w Londynie oraz innych biegów maratońskich w różnych zakątkach świata.

Był to dla mnie zaszczyt obserwować, jak doświadczenie biegu maratońskiego zmienia ich życie i choć nie ma wątpliwości, że trening maratoński jest ciężki, wymaga ogromnego poświęcenia i silnej woli, żadna z osób, które trenowałem, nigdy nie żałowała, że podjęła to wyzwanie.

Mam nadzieję, że moje własne doświadczenie oraz wiedza, którą zdobyłem, trenując innych, będą dla ciebie dobrym przewodnikiem od pierwszego dnia przygotowań aż do samych zawodów, a nawet dłużej.

Udział w maratonie to ogromne wyzwanie: ponad 42-kilometrowy dystans to długa droga, wymagająca miesięcy treningu, poświęcenia, silnego charakteru i determinacji. Ale jest to w zasięgu twoich możliwości i jeśli tylko chcesz, możesz ten cel osiągnąć.

Masz tylko minutę?

Potrafiłbyś przebiec maraton? Większość osób nie potrzebuje nawet minuty, żeby odpowiedzieć na to pytanie, niektórym wystarczą dwie sekundy. I zwykle odpowiedź brzmi mniej więcej tak: „Ja? 42 kilometry? W życiu!".

To niewłaściwy sposób myślenia, ponieważ prawda jest taka, że większość ludzi jest w stanie przebiec maraton, jednak postrzegają go jako wyzwanie całkowicie poza zasięgiem ich możliwości. Ludzie często myślą, że aby ukończyć maraton, trzeba być doświadczonym sportowcem. Wystarczy przyjrzeć się uczestnikom miejskich maratonów w Londynie czy Nowym Jorku: nie wszyscy są doświadczonymi biegaczami – pochodzą z różnych środowisk, różnią się wzrostem i wagą. A skoro oni mogą, to dlaczego nie ty?

Oczywiście, nie ma sensu zaprzeczać temu, że jest to wyzwanie trudne (gdyby takie nie było, nie byłoby warte zachodu). Przygotowanie przeciętnej osoby do maratonu – przebiegnięcia magicznego dystansu 42 km 195 m – wymaga odpowiedniego treningu, czasu i rozwagi. Jeżeli na każdym z tych elementów odpowiednio się skupimy, pokonanie tego dystansu staje się możliwe. Również dla ciebie.

Myśląc o maratonie, zapomnij o sławnych biegaczach, biciu rekordów i złotych medalach; nie tylko o to w tym chodzi. Biegi maratońskie są otwarte dla wszystkich, którzy mają czas, żeby się do nich przygotować i potrafią przygotować się dobrze. Ty też jesteś w stanie przebiec maraton.

Masz tylko pięć minut?

W maratonie nie ma drogi na skróty. Aby ukończyć bieg, musisz przygotować swój organizm na pokonanie dystansu 42,195 km. W trwającym wiele miesięcy procesie stopniowo będziesz zwiększać liczbę przebytych kilometrów. Osoby decydujące się na udział w maratonie często zaczynają od sprawdzenia, jaki dystans są w stanie przebiec w czasie pierwszego treningu, a następnie próbują go wydłużać. Takie nieprzemyślane podejście to gwarancja porażki. Bezpieczny i skuteczny trening do maratonu wymaga planu.

Z planem treningowym ponosisz mniejsze ryzyko kontuzji, masz większą motywację i osiągasz najlepsze wyniki – tak, to takie proste. Termin „plan treningowy" może przywoływać na myśl skomplikowany harmonogram, ale to coś zupełnie innego: to przewodnik, dzięki któremu wiesz, ile musisz przebiec w czasie każdej sesji. Plany treningowe do maratonu bazują na stopniowym rozwoju, wymagając niewiele wysiłku początkowego. Pierwsze sesje treningowe nie będą trwały dłużej niż 10 minut, a jeśli jesteś osobą początkującą, w czasie pierwszego treningu w ogóle nie będziesz biegać. Z upływem tygodni czas przeznaczony na bieganie będzie się wydłużać.

W każdym tygodniu plan treningowy pozwoli ci określić, ile czasu powinieneś biegać i w które dni; w tygodniu pobiegniesz kilka razy krócej i dłuższy odcinek w weekend. To właśnie ten dłuższy bieg stanie się kluczowym elementem twojego treningu. W każdym tygodniu będziesz go nieznacznie wydłużać, przyzwyczajając organizm do dłuższego biegania. W kolejnym tygodniu ponownie wrócisz do krótszych sesji, zwalniając obroty, pozwalając organizmowi na regenerację i wzmocnienie po większym wysiłku weekendowym. W rezultacie twoje ciało będzie gotowe do pokonania jeszcze dłuższego odcinka w kolejnym tygodniu – i tak zbudujesz swoją wytrzymałość do maratonu. Taka strategia treningowa wyklucza możliwość przebiegnięcia maratonu jako część treningu. Pobiegniesz ostatni dłuższy odcinek w ramach programu treningowego, a następnie zmniejszysz obroty i w dniu startu będziesz wypoczęty i zregenerowany.

Plan treningowy do maratonu zakłada również udział w zorganizowanych biegach, więc w późniejszej fazie treningu zalecane będzie zastąpienie jednego dłuższego wybiegania udziałem w półmaratonie. W ten sposób nie tylko urozmaicasz sobie trening, ale też oswoisz się z atmosferą zawodów. Rywalizacja z tysiącami innych biegaczy może podziałać onieśmielająco, dlatego warto spróbować sił przynajmniej w jednym spotkaniu przed przystąpieniem do tego najważniejszego.

Być może rozumiesz już, dlaczego trening do maratonu zabiera tak wiele czasu. Potrzebujesz go na stopniowe wydłużanie dystansu oraz odpoczynek w ramach przemyślanego programu treningowego. To jedyna droga do sukcesu w biegach maratońskich.

Masz tylko dziesięć minut?

W przygotowaniu do biegu maratońskiego chodzi o odpowiednie wytrenowanie organizmu, nabranie wytrzymałości pozwalającej pokonać tak duży dystans. Jednak taki trening to nie tylko cotygodniowe wyrabianie kilometrów, może dziwnie to zabrzmi, ale bieg maratoński to nie tylko bieganie.

Oprócz zaplanowanych sesji biegania także inne obszary są ważne dla początkującego biegacza maratońskiego.

➲ Jedzenie i napoje

Wszystko, co jesz i pijesz, stanowi fundamentalną część przygotowań do maratonu; twoje ciało to twój układ napędowy, a dostarczane mu pożywienie działa niczym paliwo. Abyś miał pewne wyobrażenie, musisz wiedzieć, że z każdym kilometrem spalasz około 60 kilokalorii, a więc w kolejnych fazach treningu powinieneś wprowadzać zmiany w sposobie odżywiania. Na późniejszym etapie treningu będziesz musiał też poeksperymentować z przekąskami i napojami podczas biegów na dłuższych dystansach. To bardzo ważne, ponieważ różnym osobom odpowiadają inne produkty żywieniowe, dlatego twój trening będzie się składał także z testowania i wybrania tego, co się sprawdza w twoim przypadku.

➲ Uważaj na siebie

Dbanie o własny organizm będzie teraz niezwykle istotne, musisz więc podjąć wszelkie środki ostrożności, by uniknąć kontuzji; na początku ważny jest wybór odpowiedniego stroju i sprzętu do biegania. Kontuzja spowodowana złym obuwiem to dosyć powszechny problem, dlatego przy wyborze odpowiedniego dla twojego indywidualnego stylu biegania obuwia rada specjalisty jest niezbędna. Nawet nieodpowiednie ubranie może wywołać kontuzję, choć nie tak często, jak źle dobrane buty. Bywa, że zbyt obcisły strój powoduje otarcia, które mogą przerwać twój trening, a przy braku ostrożności doprowadzić nawet do infekcji. Podobne problemy mogą wynikać z założenia zbyt luźnego ubrania – wybór właściwego stroju jest bardzo ważny.

➲ Rola innych niż bieganie elementów treningu

Kolejnym sposobem na zmniejszenie ryzyka kontuzji jest poświęcenie czasu na inne niż bieganie elementy treningu, na przykład rozciąganie, ćwiczenia siłowe oraz regularny masaż sportowy. Zrozumienie, jak ważne są te sprawy, to podstawa; to one pomogą ci zachować zdrowie i poprawić wyniki, a w końcu – przebiec maraton.

➲ Jak wszystko ze sobą zgrać

To będzie sprawdzian dla twoich umiejętności organizacyjnych. Sesje biegania, rozgrzewki, uspokajanie organizmu, rozciąganie – to wszystko wymaga czasu, a ty musisz go znaleźć. Jeśli już teraz masz dość napięty grafik, będziesz musiał zrezygnować z niektórych rzeczy i pójść na pewne kompromisy na samym początku. To szczególnie ważne, kiedy decydujesz się na bieg charytatywny, w którym można osiągnąć określony cel finansowy. Zbiórka pieniędzy pochłania ogromną ilość czasu, a wiele osób nie zdaje sobie sprawy, że trzeba ten czas doliczyć do treningu.

➲ Rola silnej psychiki

Do ukończenia maratonu oprócz siły fizycznej potrzebna ci będzie naprawdę silna psychika. Nieraz dopadnie cię potworne zmęczenie, zdarzy się okropna pogoda i będziesz musiał kopać naprawdę głęboko, by znaleźć motywację i ukończyć kolejny bieg. Siła twojej psychiki zostanie poddana sprawdzianowi także w dniu zawodów – wówczas, żeby ukończyć maraton, staniesz do walki z uczuciem zwątpienia oraz chęcią rezygnacji. Szczególnie ciężko będzie, kiedy zbliżysz się do najtrudniejszego odcinka pomiędzy 25. a 28. kilometrem.

➲ Kolejny cel

Po maratonie musisz pomyśleć o następnym wyzwaniu. Owszem, ukończenie go to twój cel ostateczny, twoje największe wyzwanie, jednak trening do maratonu bez wyznaczenia kolejnego celu to wielki błąd. Bardzo możliwe, że po ukończeniu maratonu będziesz w najlepszej formie w swoim życiu i byłoby żal to zaprzepaścić, szczególnie że kosztowało cię to tak wiele wysiłku. Podjęcie następnego wyzwania pozwoli ci zachować motywację i pasję, a może nawet stanie się krokiem ku kolejnym sukcesom w bieganiu.

➲ Bądź gotowy na zmiany

Trening do maratonu i udział w nim to zmieniające życie doświadczenie, z jakim być może nigdy wcześniej się nie mierzyłeś, odkrywające w tobie możliwości, o jakie mogłeś siebie nawet nie podejrzewać. Inne cele i wyzwania wydadzą ci się łatwiejsze, a w sytuacjach, które kiedyś działały na ciebie przytłaczająco, będziesz się zachowywać zupełnie inaczej. Przygotuj się na to, że maraton może otworzyć nowy rozdział w twoim życiu i stanowić nowy początek dla ciebie oraz twojej rodziny i przyjaciół.

PRZEDMOWA

Udział w maratonie to jedno z największych wyzwań fizycznych w twoim życiu, ale przy odpowiednim wsparciu – podołasz mu.

Co roku w kwietniu tysiące ludzi stają na linii startu Maratonu Londyńskiego, wielu z nich po raz pierwszy w życiu. Dobiegają do mety dzięki mieszance determinacji, odwagi i wiedzy, która w znacznej mierze pochodzi od osób mających już takie doświadczenie za sobą.

Ta książka to swego rodzaju fory dla ciebie. Tim Rogers bierze udział w Maratonie Londyńskim od wielu lat, wytrenował tysiące biegaczy, wielu pomagając ukończyć zarówno maraton w Londynie, jak i inne znane maratony. Znajdziesz tu wszystko, czego potrzebujesz, żeby przygotować się do jednego z najważniejszych dni w twoim życiu, między innymi szczegóły na temat treningu, odżywania i zapobiegania kontuzjom, a także wskazówki dotyczące zbiórki pieniędzy, jeśli zdecydujesz się dołączyć do tysięcy osób działających charytatywnie.

W przystępnej i lekko napisanej, pełnej konkretów książce *Mój pierwszy maraton* poświęcono też sporo miejsca roli rodziny i znajomych w treningu. Praktycznie każda osoba rozpoczynająca przygotowania do pierwszego maratonu potrzebuje wsparcia najbliższych, bez którego to wyzwanie może okazać się ponad jej siły. Znajdziesz tu także sporo informacji na temat przygotowania psychicznego. Trening do maratonu to więcej niż trening fizyczny, liczy się również twój umysł. Im silniejszą masz psychikę, tym łatwiej ci będzie przebrnąć przez miesiące treningu i ukończyć bieg.

W zimie poważną przeszkodę w trenowaniu może stanowić pogoda. Być może na chłodne dni zechcesz się przenieść do siłowni – a jeśli tak, w *Moim pierwszym maratonie* znajdziesz rozdział podpowiadający, jak najlepiej wykorzystać trening pod dachem. Wielu maratończyków łączy bieganie na świeżym powietrzu z treningiem na bieżni elektrycznej, rowerku stacjonarnym i ergometrze, uzyskując dzięki temu wspaniałe wyniki w dniu zawodów. Trening mieszany staje się coraz popularniejszy, ta książka wyjaśnia dlaczego.

Jeśli chcesz poznać wrażenia kogoś, kto wystartował w maratonie po raz pierwszy, masz taką możliwość: Sue Thearle, prezenterka telewizyjna, wzięła udział w Maratonie Londyńskim w 2005 roku, a następnie wspierała swojego męża, który powtórzył jej wyczyn rok później. Przekonasz się, że wspomnienia nowicjusza doskonale opisują drogę od marzeń o udziale w tym wspaniałym biegu, aż po moment zejścia z linii mety z medalem na szyi.

Po przyswojeniu wiedzy zawartej w *Moim pierwszym maratonie* musisz się tylko upewnić, że potrafisz dodać do niej wystarczająco dużo odwagi i determinacji.

Do zobaczenia na linii startu!

David Bedford
dyrektor Maratonu Londyńskiego

1

Wchodzisz w to?

W tym rozdziale dowiesz się:

- **że trening do maratonu wymaga czasu,**
- **że potrzebna ci będzie ogromna siła psychiczna,**
- **że rodzina i przyjaciele to podstawa.**

Na początek

Przygotuj się na zmianę stylu życia i upewnij się, że twoi najbliżsi będą mocno wspierać twoje wysiłki.

Dziś biegi maratońskie cieszą się znacznie większą popularnością niż nawet kilka lat temu. Jeszcze w latach dziewięćdziesiątych, kiedy mówiło się znajomemu, że planuje się udział w maratonie, reakcją był zwykle wyraz lekkiego niedowierzania na twarzy rozmówcy. To po prostu nie było modne. Teraz jest, i to jak!

Liczba uczestników Maratonu Londyńskiego od 2000 roku gwałtownie wzrosła. Na dwudziesty piąty maraton organizowany w 2005 roku zgłosiła się rekordowa liczba uczestników, a w ciągu pierwszych trzech dni zapisów na rok 2010 wpłynęło sto dwadzieścia tysięcy zgłoszeń! Maraton coraz częściej stanowi wyzwanie podobne do skoku na bungee czy nurkowania z akwalungiem. To jedna z tych rzeczy, którą ludzie postanawiają zrobić przed trzydziestką. Lub przed czterdziestką. Rozpoczęcie kolejnego etapu w życiu i wydarzenie towarzyskie w jednym.

Podejście do maratonu zmieniło się, ale jego dystans nie – i to nadal stanowi blokadę dla wielu osób. Maraton to nie przelewki, choć zwiększająca się liczba uczestników mogłaby sugerować, że obecnie ukończenie go jest nieco łatwiejsze. Nie jest. Tym, co faktycznie uległo zmianie, są oczekiwania dotyczące czasu ukończenia maratonu. Sześciogodzinny bieg maratoński jest dziś w pełni akceptowalny, a jeszcze dziesięć lat temu było inaczej. Ukończenie biegu w cztery godzinny traktowane jest jako wyczyn. Zmieniło się nastawienie, szczególnie w Londynie; obecnie częściej skupiamy się na charytatywnych zbiórkach pieniędzy, a nie biciu rekordów czasowych. Jest to właściwy kierunek, jednak niektórym może się wydawać, że maraton nie jest już tak ekstremalnym wyczynem, jak niegdyś. Nie zapominaj – będzie ciężko bez względu na to, w jakim czasie zamierzasz przebiec, a to prowadzi do najważniejszego pytania: wchodzisz w to?

Przed podjęciem wyzwania, jeszcze przed zgłoszeniem swojego uczestnictwa, trzeba sobie uświadomić, o czym dokładnie mówimy. Jeżeli jesteś osobą początkującą lub masz za sobą niewielkie doświadczenie sportowe sprzed kilku lat, dasz radę tego dokonać, ale potrzebujesz od sześciu do dziewięciu miesięcy, żeby się dobrze przygotować. Jeżeli biegasz już kilka razy w tygodniu, łącznie około 15 km, musisz dać sobie cztery do sześciu miesięcy. Będzie bolało, ale przecież każde prawdziwe wyzwanie musi boleć, inaczej nie byłoby satysfakcji. Przygotuj się na wielką wygraną, ale też na wiele dni, kiedy będziesz mieć ochotę porzucić cały ten plan treningowy. Jeśli się nie poddasz i wytrzymasz, zafundujesz sobie jeden z najbardziej niezapomnianych dni w twoim życiu. Rezygnując w połowie drogi, odbierzesz sobie najbardziej niezwykłe doświadczenie sportowe, jakie można sobie wyobrazić.

WIĘC O CZYM WŁAŚCIWIE MÓWIMY?

➲ Czas

Nie ma drogi na skróty. Musisz poświęcić na trening sporo czasu bez względu na twoją obecną formę czy aspiracje na dzień zawodów.

Wskazówka
Trening to przede wszystkim „czas spędzony na nogach", a jedną z najważniejszych rzeczy, których się nauczyłem, biegając w maratonach, jest prosta zależność: im więcej czasu poświęcisz na bieganie, tym większą radość przyniesie ci dzień startu w maratonie. Jeśli nie przeznaczysz wystarczająco dużo czasu na trening, maraton będzie dla ciebie przykrym doświadczeniem, może nawet nie zdołasz go ukończyć.

Ile więc czasu potrzeba, żeby dobrze przygotować się do maratonu? Pomijając sam trening, jest wiele aspektów, które musisz wziąć pod uwagę. Planowanie kolejnych faz treningu, udział w imprezach biegowych, dojazdy na miejsca spotkań itd. Przygotowanie do maratonu to coś więcej niż trening fizyczny. To także planowanie i sprawy administracyjne, na które powinieneś przeznaczyć około pięciu godzin tygodniowo – i to w przypadku, gdy nie zajmujesz się charytatywną zbiórką pieniędzy.

Jeżeli masz zapewnione charytatywne miejsce w Maratonie Londyńskim lub zakwalifikowałeś się samodzielnie, ale i tak biegniesz w celach charytatywnych, musisz dodać zbiórkę pieniędzy do czasu, jaki poświęcasz na przygotowania. Gwarantowane miejsce charytatywne wymaga zebrania większej sumy pieniędzy, ponieważ podpisujesz umowę z organizacją charytatywną, zobowiązując się do zgromadzenia określonej sumy, zwykle 6000–9000 złotych.

Wskazówka
Decydujesz się na charytatywny udział w maratonie? Moja najważniejsza wskazówka: nie lekceważ czasu, jaki musisz poświęcić na zbiórkę pieniędzy. Zarezerwuj około pięciu godzin tygodniowo.

Jako że zbiórka pieniędzy może stanowić integralną część przygotowań do maratonu, zajmiemy się nią szczegółowo w jednym z kolejnych z rozdziałów.

Przejdźmy do treningu. W zależności od czasu, jaki zamierzasz osiągnąć, zacznij od trzech sesji biegania tygodniowo i stopniowo dojdź do pięciu lub sześciu. Na początku tygodnia treningi powinny być bardzo krótkie, ale w weekendy pobiegaj sobie dłużej. W miarę zbliżania się wielkiego dnia każde długie wybieganie niech trwa dobrze ponad dwie godziny, często zbliżając się do trzech. Do tego musisz dodać całą otoczkę – motywowanie, zmianę stroju, rozciąganie i prysznic – wychodzi więc około pięciu godzin. Standardowy bieg będzie oczywiście znacznie krótszy, jednak typowo, biorąc pod uwagę przygotowanie, będziesz potrzebować mniej więcej godziny na sesję treningową na początku programu i półtorej godziny na nieco dalszym etapie. Z tego wynika, że na początku musisz poświęcić na trening jakieś pięć godzin tygodniowo i od piętnastu do dwudziestu godzin w ostatnim miesiącu. To mnóstwo czasu, który musisz znaleźć. Realnie oceń, z czego możesz zrezygnować na rzecz treningu. Najlepiej oczywiście z siedzenia przed telewizorem!

Po zsumowaniu wychodzi nam, że już na początku przygotowań musisz poświęcić na nie dziesięć godzin tygodniowo, a w miarę robienia postępów nawet trzydzieści godzin. W dniu zawodów przekonasz się, że było warto!

SIŁA PSYCHICZNA

Będziesz jej potrzebować, i to z wielu powodów!

➲ POGODA

Jeśli przygotowujesz się do maratonu na jesieni i mieszkasz na półkuli północnej, to większość twojego treningu przypadnie na okres letni. To ogromna zaleta, nie tylko ze względu na przyjemniejszą temperaturę, ale również możliwość trenowania późnym wieczorem, co daje ci więcej czasu. Jeżeli jednak startujesz w wyścigu kwietniowym w Londynie, warunki wyglądają zupełnie inaczej.

Trenując w zimie napotkasz wiele niedogodności, takich jak: opady, przenikliwe zimno i ciągłe bieganie po ciemku. Nie mówię o tym, żeby cię zniechęcić, chcę po prostu zwrócić twoją uwagę na to, że przygotowując się do maratonów takich jak londyński, musisz się nastawić na bieganie przy nieprzyjemnej pogodzie. Tu właśnie przyda ci się odporność psychiczna.

Nie raz i nie dwa, gdy nadejdzie czas treningu, otworzysz drzwi i zobaczysz, że warunki na zewnątrz nie zachęcają nawet do wysunięcia nosa za drzwi, a już na pewno nie do biegania. Musisz wyjść. Nie wycofuj się, chyba że wyjście na zewnątrz może być niebezpieczne, a to nie zdarza się aż tak często. Musisz pozbyć się myśli o poddaniu się z powodu pogody, chyba że masz kontuzję – wówczas lepiej pobiegać na siłowni.

Wskazówka
W przypadku fatalnych warunków na zewnątrz, takich jak śnieżyca i oblodzenie, trening na bieżni to podstawa. Nie zaleca się zbyt częstego trenowania na bieżni, ale jest to dobre rozwiązanie w niektórych sytuacjach, zdecydowanie lepsze niż pominięcie treningu.

Jeśli pozwolisz, by pogoda decydowała o twoich treningach, plan treningowy straci sens. Będziesz coraz bardziej zostawać w tyle i stracisz motywację. Musisz być silny i zwalczać w sobie pokusę zamknięcia drzwi jeszcze przed wyjściem z domu!

Wskazówka
Jeśli masz problem z wyjściem na trening, zastosuj zasadę dwóch minut. Powiedz sobie: „Wyjdę pobiegać przez dwie minuty" i potem zdecyduj, czy chcesz dalej biegać, czy nie. Gwarantuję, że kiedy już zaczniesz biegać, zniechęcenie minie i ukończysz sesję treningową.

➲ ZMĘCZENIE

W miarę, jak będziesz się przyzwyczajał się do rygorów planu treningowego, twój organizm przejdzie serię zmian przygotowujących go do wielkiego wyzwania. Zapewne nieraz poczujesz się wyczerpany, szczególnie na początku, i nieraz pojawi się pokusa ominięcia sesji treningowych z powodu przemęczenia. Tak jak w przypadku warunków pogodowych, tę pokusę także musisz po prostu zwalczyć. To kolejny problem, z którym powinien poradzić sobie twój umysł.

Programy treningowe tworzone są w taki sposób, by nie zapominać o etapach adaptacji i regeneracji. Oczywiście, jeżeli czujesz, że naprawdę potrzebujesz dodatkowego dnia odpoczynku, powinieneś sobie na niego pozwolić, ale nie przesadzaj. Często przyczyną przemęczenia nie jest trening, lecz obowiązki związane z codzienną pracą. Niezbędna będzie siła psychiczna, żeby po powrocie z pracy się przebrać i wyjść biegać. Nie odkładaj tego na po obiedzie, bo będziesz potrzebować kolejnej godziny lub dwóch na strawienie posiłku. Zanim się obejrzysz, zrobi się jedenasta wieczorem, a to nie jest najlepsza pora na bieganie. Jeśli po powrocie z pracy czujesz, że brak ci energii do ćwiczeń, zjedz szybką przekąskę, na przykład miseczkę płatków, banana lub batonik energetyczny.

➲ ZAWSZE ZNAJDZIESZ COŚ LEPSZEGO DO ROBOTY!

Ostatnia porcja siły psychicznej jest zarezerwowana na pokonanie największego problemu: zawsze znajdzie się coś ciekawszego niż bieganie. Ulubiony program telewizyjny, spotkanie ze znajomymi, wyjście na piwo – wszystko zdaje się lepsze niż ciągłe bieganie! Musisz sobie z tym poradzić, i to najszybciej jak tylko możliwe.

Jeśli jesteś uzależniony od jakiegoś programu i puszczają go akurat w czasie najlepszym do biegania (a na pewno puszczają go właśnie wtedy), będziesz musiał zdać się na relacje innych członków rodziny lub oglądać powtórki. W czasie treningu nie możesz być niewolnikiem programów telewizyjnych – bieganie musi być najważniejsze!

Jeżeli masz wyznaczony dzień na spotkania ze znajomymi i umawiacie się w czasie najlepszym na bieganie, to też musisz zmienić. To samo z wychodzeniem na piwo – znajdź na to inny dzień lub porę.

Siłę psychiczną może dać ci świadomość, że wszystkie te wyrzeczenia nie potrwają długo, a potem – jeśli zechcesz – możesz wrócić do starych nawyków. Bądź skoncentrowany i przedkładaj regularny trening ponad wszystkie rzeczy, które łatwo możesz przesunąć w czasie. Niektórych nie możesz, ale większość tak, i to one muszą ustąpić miejsca bieganiu. Bądź silny i ilekroć pojawi się pokusa – szukaj ratunku w głębi swojego umysłu.

ZAANGAŻOWANIE

Udział w maratonie wymaga ogromnego poświęcenia, dla siebie samego i dla innych. Jesteś na to gotowy?

Podjęcie takiego wyzwania, szczególnie przez osobę początkującą, wymaga znacznie większego zaangażowania, niż może ci się wydawać. Proces ten od początku aż do końca składa się z tak wielu aspektów, że musisz mieć świadomość, czego oczekiwać. Co ważne, ta sytuacja angażuje nie tylko ciebie, ale też wiele innych osób.

➲ ZAANGAŻOWANIE W TRENING

Plan treningowy (oraz wydarzenia stanowiące jego integralną część) to kluczowy element przygotowań do maratonu. Trzymaj się planu, a dobiegniesz do mety w określonym czasie. Zaniechaj go, a ci się nie uda. Od pierwszego dnia musisz z zaangażowaniem trzymać się planu i traktować go niczym biblię przez kolejne cztery, pięć miesięcy. Plan został stworzony zgodnie z twoimi wymaganiami i musisz działać według niego. To poświęcenie dla samego siebie, traktuj je jako priorytet. To rodzaj egoizmu, w którym musisz być konsekwentny.

To właśnie ten egoizm stanowi ważny składnik treningu. Większość z nas stara się dbać przede wszystkim o innych, ale aby ukończyć maraton, trzeba wypracować w sobie odrobinę egoizmu, czy nam się to podoba, czy nie. Będziemy mówić też o zaangażowaniu w sprawy innych, ale to zaangażowanie we własne sprawy i poświęcenie się dla swoich celów jest najważniejsze. Bez egoizmu nie ukończysz maratonu. Przez kilka miesięcy treningu musisz skupiać się bezustannie na jednej rzeczy, co chwilami może niemal zmienić twoją osobowość. Siła psychiczna, zaangażowanie i inne niezbędne składniki sprawią, że będziesz bardziej zdeterminowany niż kiedykolwiek wcześniej. Zaangażuj się w trening, a odniesiesz sukces.

Wskazówka
Mogę cię zapewnić, że trening do maratonu i przebiegnięcie go sprawią, iż inne twoje cele i wyzwania wydadzą ci się łatwiejsze, poczujesz się zdecydowanie pewniej w sytuacjach, które teraz cię stresują. To właśnie zrobił ze mną maraton. Z tobą zrobi to samo.

➲ ZAANGAŻOWANIE W SPRAWY PRZYJACIÓŁ I RODZINY

Poza konieczną nutką egoizmu potrzebujesz też oddania wobec przyjaciół i rodziny. Choć nieraz zdarzy ci się ich zdenerwować (na przykład kiedy odmówisz wyjścia z rodziną w sobotę z powodu treningu lub nie będziesz spotykać się z przyjaciółmi po pracy, bo musisz pobiegać po mieście), musisz pamiętać, że odgrywają ważną rolę w procesie przygotowań. Najważniejsza jest równowaga.

Równowaga to kluczowy element życia w każdej dziedzinie, ale jeszcze większego znaczenia nabiera w trenowaniu do maratonu. Uwierz mi, nietrudno popaść w obsesję na punkcie biegania, a kiedy do tego dochodzi, cierpią najbliżsi. Nie dopuść do tego – dbaj o tych, którzy będą twoim wsparciem w trudniejszych chwilach i których będziesz chciał mieć przy sobie w dniu startu. Rozmawiajcie i szukajcie kompromisów; nie zapominaj o tych, którzy są dla ciebie ważni.

➲ ZAANGAŻOWANIE W DZIAŁALNOŚĆ CHARYTATYWNĄ

Kiedy decydujesz się pobiec w celach charytatywnych, twoje zaangażowanie należy się kolejnej grupie osób. Jeśli nie biegniesz charytatywnie, być może powinieneś wziąć taką możliwość pod uwagę. Dzięki temu całe doświadczenie z maratonem nabiera jeszcze głębszego znaczenia.

W Wielkiej Brytanii coraz więcej organizacji charytatywnych polega na uczestnikach imprez biegowych przy gromadzeniu pieniędzy. Co roku korzystają z pomocy coraz większej liczby biegaczy, którzy z kolei odnoszą coraz większe sukcesy w zbieraniu funduszy. Środki zgromadzone dzięki wydarzeniom sportowym są wykorzystywane do leczenia osób potrzebujących oraz tworzenia programów badawczych, więc jeśli zdecydujesz się pobiec w wybranej sprawie i z góry określisz sumę, jaką masz nadzieję zgromadzić, prawdopodobnie zostanie ona uwzględniona w przewidywaniach finansowych danej organizacji, a w rezultacie wiele osób zacznie poważnie liczyć na twój wkład w niesienie pomocy innym.

Twoje zaangażowanie w sprawę ma szczególne znaczenie w przypadku tak zwanego gwarantowanego startu charytatywnego, w odróżnieniu od „startu własnego". Jest to zagwarantowane miejsce w imprezie biegowej, takiej jak maraton w Londynie czy Nowym Jorku, wykupione od organizatorów przez organizacje charytatywne. Uczestnik biegu zobowiązuje się do zgromadzenia wcześniej ustalonej z organizacją sumy pieniędzy w zamian za takie miejsce (więcej na ten temat w rozdziale 2). Od tych funduszy jest uzależniona działalność organizacji, dlatego mogą się pojawić problemy budżetowe w przypadku, gdy nie uda ci się zgromadzić ustalonej sumy. Z kolei osoby startujące z miejsc własnych, mimo że również przewidują sumę, jaką zamierzają zgromadzić, i mają pewien wkład w budżet organizacji, są dla niej swego rodzaju bonusem. Idealny scenariusz z punktu widzenia organizacji to więcej osób ze startem własnym niż gwarantowanym oraz zgromadzenie przez każdą z zaangażowanych osób więcej, niż przewidywały. Uczestnicy z własnym miejscem w maratonie to zdecydowanie mniejszy wydatek dla organizacji, dlatego jeśli uda ci się zdobyć miejsce w wyścigu bezpośrednio od organizatorów, skontaktuj się z wybraną fundacją charytatywną i zaproponuj swój udział w zbiórce pieniędzy – na pewno zostanie to docenione.

Kiedy już postanowisz wziąć udział w charytatywnej zbiórce pieniędzy, czy to z własnym miejscem na starcie, czy z gwarantowanym, pojawia się trzeci rodzaj zaangażowania. Poczynając od właściciela fundacji przez wszystkie osoby, których badania, leczenie i uzyskanie specjalistycznej pomocy zależą od zebranych pieniędzy, nie możesz nikogo zawieść. Twoje zaangażowanie w działalność charytatywną musi być tak samo silne, jak zaangażowanie we własną sprawę. Traktuj zbiórkę pieniędzy jako element równie ważny, jak twój trening – wzajemnie się uzupełniają. Rozdział 10 skupia się na kwestiach związanych z gromadzeniem funduszy i proponuje wiele sposobów pomagania innym w zbiórce pieniędzy. Przeczytaj go tak samo uważnie, jak plany treningowe. Nawet jeśli uda ci się zdobyć własne miejsce startowe w zawodach takich jak Maraton Londyński, nie zapominaj, że twój dobrowolny udział w zbiórce pieniędzy dla którejś fundacji będzie oznaczał dla niej pewne koszty. Są to wydatki związane z prowadzeniem korespondencji, zakupem sprzętu, koszulek, usługami e-mail. Standardowo osoba startująca z własnego miejsca może kosztować organizację charytatywną od 200 do 450 złotych. Jeśli zadeklarujesz swój udział w zbiórce pieniędzy i nie zbierzesz nic, narazisz organizację na utratę takiej właśnie sumy, a tego chybabyś nie chciał mieć na sumieniu. Oprócz kosztów operacyjnych organizacja może też zapłacić za twoje miejsce startowe. A co najgorsze, możesz zabrać miejsce komuś innemu, kto być może zebrałby sporą sumę. Wiele organizacji charytatywnych czeka, aż przyłączysz się do pomagania innym – ale kiedy się już zdecydujesz, będą od ciebie oczekiwać pełnego zaangażowania.

Wskazówka
Odkryłem, że klucz do udanej zbiórki pieniędzy jest prosty – zacznij od razu. Jeśli rozpoczniesz zbieranie funduszy najszybciej jak to możliwe i będziesz prowadzić zbiórkę z takim samym zaangażowaniem od momentu podjęcia decyzji aż po dzień maratonu, masz największą szansę na osiągnięcie zamierzonego celu.

ZMIANA STYLU ŻYCIA

Do swojej listy wymagań, na której mamy już konieczność znalezienia czasu, siłę psychiczną oraz zaangażowanie, musisz dodać jeszcze zmianę stylu życia. Tej istotnej części treningu do maratonu poświęcam osobny rozdział, ale już w tej chwili należy zaznaczyć, że aby podołać wyzwaniu, jakie sobie postawiłeś, musisz dokonać pewnych zmian w swoim sposobie życia.

W zależności od przyzwyczajeń będziesz musiał wprowadzić mniejsze lub większe zmiany w swoim stylu życia. Musisz się: wysypiać, wprowadzić zbilansowaną dietę, znaleźć odpowiednią ilość czasu, trenować i prawdopodobnie wprowadzić kilka wynikających z tego zmian w sferze towarzyskiej, co dla niektórych osób może stanowić poważne wyzwanie.

Zalecane osiem godzin snu na dobę staje się jeszcze ważniejsze, kiedy nakładasz na swój organizm tak poważny wysiłek, jak udział w maratonie. Trening będzie niezwykle wymagający i naprawdę jest ważne, aby dać sobie wystarczająco dużo czasu na odpoczynek i sen. Jeżeli często wychodzisz wieczorami i bawisz się do późna, musisz wprowadzić pewne zmiany. Bezustanna praca na pełnych obrotach nie sprawdzi się w przypadku być może najcięższego fizycznego wyzwania w twoim życiu. Nie oczekuj, że nie wysypiając się, przejdziesz przez plan treningowy w sposób, który zapewni ci sukces w dniu maratonu. Może uda ci się ukończyć zawody, ale nie będzie to przyjemne doświadczenie.

Ogromnej zmianie musi ulec twoja dieta – powinieneś ją wzbogacić o znaczne ilości węglowodanów, czym zajmiemy się później. Znienawidzisz (a może właśnie pokochasz?) ryż, ziemniaki, a szczególnie makaron, które stanowią podstawę diety biegacza. Być może zmniejszysz spożycie nabiału, jeśli jak wielu biegaczy zauważysz u siebie coraz mniejszą tolerancję produktów nabiałowych w miarę zwiększania intensywności treningu. Ograniczysz też spożycie alkoholu. Nie oznacza to całkowitej rezygnacji z tej używki, po prostu uważaj na alkohol przez czas trwania przygotowań i zapomnij o suto zakrapianych imprezach! Nocna balanga może wymagać długiej regeneracji, a nie będziesz miał na to czasu, szczególnie w późniejszym okresie treningu. Pamiętaj, że chodzi tylko o kilka miesięcy, poza tym być może stwierdzisz, że bez alkoholu czujesz się o wiele zdrowszy i inaczej na niego spojrzysz w przyszłości. Tłuste potrawy to kolejna pokusa, której nie możesz się poddać. Organizm zużywa zbyt wiele energii na ich trawienie, a w rezultacie otrzymuje niewielką wartość odżywczą. Wszystkie te zmiany sprawią, że poczujesz się lepiej, a w połączeniu z treningiem całkowicie zmienią twoje samopoczucie.

Na początku rozdziału pokazywaliśmy, jak ważne jest wygospodarowanie czasu na bieganie i ograniczenie spotkań towarzyskich, jednak w połączeniu z odpowiednią ilością snu i zmianami w sposobie odżywiania stanowi to podstawę zmiany stylu życia, która wiele osób odstrasza od udziału w maratonie. Tak naprawdę są to zmiany, które przyniosłyby korzyści prawie każdemu, jednak wielu z nas, szczególnie gdy przekroczymy pewien wiek, zmiany te wydają się całkowicie niepraktyczne.

Czy po przeczytaniu o czekających cię wyzwaniach i zmianach, których musisz dokonać, aby z sukcesem ukończyć maraton – wchodzisz w to? Uda ci się znaleźć czas, siłę psychiczną i zaangażowanie konieczne, by tego dokonać? Dasz radę wprowadzić istotne zmiany w swoim życiu?

Jeżeli nie, zawsze możesz spróbować za rok – ale nie odkładaj startu zbyt długo. Jeżeli tak, witaj w świecie jednej z najbardziej satysfakcjonujących dyscyplin sportowych.

Uczucie samospełnienia, gdy przekraczasz metę biegu maratońskiego po raz pierwszy w życiu, jest niemożliwe do opisania, szczególnie kiedy jest to ogromna impreza organizowana w dużym mieście. Natomiast uczucie po ukończeniu drugiego, trzeciego czy czwartego maratonu jest... mniej więcej takie samo. Jeśli szukasz prawdziwego wyzwania, właśnie je znalazłeś. Czytaj dalej – nie pożałujesz.

10 NAJWAŻNIEJSZYCH PUNKTÓW

1. Ukończysz maraton dzięki zaangażowaniu, koncentracji i odpowiedniemu treningowi.
2. Nie ma drogi na skróty, bez względu na swoją formę musisz poświęcić czas na trening.
3. Przygotowanie do maratonu będzie miało wpływ nie tylko na ciebie, ale również na wiele innych osób.
4. Musisz zaangażować się w trening – od pierwszego dnia aż do dnia zawodów traktuj swój plan treningowy niczym biblię.
5. Miej świadomość, ile czasu zajmie ci każda sesja treningowa. Weź pod uwagę rozgrzewkę przed każdym biegiem i ćwiczenia uspokajające po nim.
6. Czasem musisz być egoistą – aby odnieść sukces, przez całą drogę do maratonu musisz być skupiony na tej jednej rzeczy.
7. Skup się na bieganiu, ale też zachowaj rozsądek, by nie popaść w obsesję.
8. Jeśli planujesz pobiec w celach charytatywnych, przeznacz odpowiedni czas na gromadzenie funduszy.
9. Zmiany w sposobie odżywania są nieuniknione. Przygotuj się na ograniczenie spożycia alkoholu i tłustych potraw oraz zwiększenie spożycia produktów o wysokiej zawartości węglowodanów.
10. Udział w maratonie zmieni twoje życie.

2

Wybór maratonu i zgłoszenie udziału

W tym rozdziale dowiesz się:

- **jak przystąpić do pierwszego maratonu,**
- **które imprezy maratońskie są największe,**
- **jak połączyć bieg ze zbiórką charytatywną.**

Na początek
Na pierwszy maraton wybierz imprezę, której towarzyszy duże wsparcie widzów. Wybierz jeden z największych maratonów świata*.

Od czego zacząć? Jak wybrać pierwszy maraton? Maratony odbywają się na całym świecie, łącznie z tak odległymi miejscami, jak Antarktyda, biegun północny, Mongolia, Wielki Mur Chiński czy Bejrut. W USA maratony organizowane są praktycznie w każdym dużym mieście, więc nie ma problemu ze znalezieniem czegoś dla siebie. Nigdy nie było też łatwiej o wybór najlepszego miejsca na udział w maratonie niż teraz. Po kilku minutach

---

* *World Marathon Majors* – mistrzostwa sportowe; w ich skład wchodzą: maraton w Bostonie, Londynie, Berlinie, Chicago i Nowym Jorku.

Korona Maratonów Polskich – największe polskie maratony odbywają się w: Poznaniu, Warszawie, Krakowie, Wrocławiu oraz Dębnie – przyp. tłum.

przeglądania internetu znajdziesz całą listę maratonów. Większość ma własne strony internetowe, na których są wszystkie szczegóły.

Wybór miejsca w znacznym stopniu zależy od rodzaju imprezy, w jakiej chcesz wziąć udział. Do mniejszych maratonów łatwiej się dostać, natomiast duże imprezy są zwykle trudniejsze, ale naprawdę warte wysiłku.

GDZIE POBIEC PIERWSZY MARATON?

Na początek zdecyduj, jaki rodzaj maratonu chcesz przebiec. Maratony mogą się od siebie znacznie różnić, a pierwszy może zadecydować o tym, czy weźmiesz udział w kolejnych. Wybór miejsca to być może najważniejsza decyzja w karierze biegacza. Mnóstwo osób z potencjałem nie osiągnęło niczego, bo źle wybrały miejsce swojego pierwszego maratonu. Zastanów się dobrze, czego oczekujesz od pierwszego maratonu. Co masz nadzieję osiągnąć i jak zamierzasz to zrobić?

Wybierając pierwszy maraton, weź pod uwagę jak najwięcej czynników, które zadecydują o tym, czy udział w nim będzie dla ciebie przyjemnym doświadczeniem. Czy bieg odbywa się na płaskim terenie? Jaka jest infrastruktura? Czy łatwo dojechać na miejsce? Gdzie będziesz nocować? Ile osób bierze udział w maratonie? Ile osób będzie go oglądać? Czy twoi znajomi i rodzina będą mogli znaleźć wygodne punkty obserwacyjne i swobodnie przemieszczać się wzdłuż trasy? Jakie wsparcie zapewniają organizatorzy? Czy na koniec wyścigu otrzymasz medal i/lub upominek?

Wskazówka
Wybierając pierwszy maraton, można w łatwy sposób przewidzieć, które czynniki z dnia zawodów wpłyną na podjęcie ostatecznej decyzji. Warto jednak pomyśleć również o okresie przygotowań. Termin odbycia się biegu decyduje o tym, w jakiej porze roku będziesz trenować – w zimie czy w lecie – warto więc wybrać maraton, który pozwoli ci trenować w okresie najwygodniejszym dla ciebie.

Gdy już odpowiesz sobie na te i podobne pytania, możesz wybrać swój pierwszy maraton, co oczywiście powinno mieć miejsce wiele miesięcy przed zawodami. Nie odkładaj tej decyzji na ostatnią chwilę. To trzeba długo i poważnie przemyśleć, najlepiej z rocznym wyprzedzeniem. Udział w maratonie, szczególnie za granicą, wymaga szczegółowego planu i niczego nie powinieneś zostawiać przypadkowi. W internecie łatwo znajdziesz kalendarz biegów maratońskich, na przykład AIMS* (polski kalendarz znajdziesz na maratonypolskie.pl). Znajdziesz tam daty, adresy stron i kontakty niezbędne do wyszukania wszystkich informacji. Porównaj kilka wybranych imprez, również pod kątem odpowiedzi na nasze pytania. Kiedy już zdecydujesz, który maraton wybierasz, nadejdzie pora, by się zapisać.

REJESTRACJA DO PIERWSZEGO MARATONU

Ogólnie mówiąc, większość maratonów ma przyzwoite strony internetowe i możliwość zapisania się online. Zapisy przez internet cieszą się coraz większą popularnością. Ostatnich kilka lat przyniosło dużą popularność imprezom z możliwością takich zapisów – jest ich coraz więcej w stosunku do zapisów tradycyjnych, a w wielu przypadkach zapisy internetowe stanowią do 80 procent wszystkich zgłoszeń. Na stronie wybranych zawodów we właściwej sekcji po prostu podajesz wymagane informacje i płacisz kartą kredytową lub przelewem. Po zaakceptowaniu zgłoszenia otrzymasz potwierdzenie e-mailem.

Niektóre maratony oferują możliwość przesłania zgłoszenia pocztą. Jeżeli nie lubisz płacić przez internet, na niektórych stronach możesz ściągnąć formularz w wersji elektronicznej. Wysyłając zgłoszenie, pamiętaj o załączeniu zaadresowanej do siebie koperty ze znaczkiem, jeżeli wymaga tego organizator. Niektóre mniejsze imprezy mają ograniczony budżet, a taki zabieg pozwala im obniżyć koszty organizacyjne. W większości przypadków potwierdzeniem przyjęcia twojego zgłoszenia będzie spieniężenie twojego czeku**.

---

* Ang. *Association of International Marathons* – Stowarzyszenie Międzynarodowych Maratonów

** W Polsce możliwe jest zapisanie się na maraton i jego opłacenie w biurze zawodów nawet w dniu startu – przyp. tłum.

Kolejny kontakt z organizatorem zawodów następuje zwykle wtedy, kiedy otrzymasz numer startowy oraz instrukcje. Odbywa się to na różne sposoby; niektórzy organizatorzy mogą zaprosić cię na spotkanie przed biegiem, na którym odbierzesz numer, ale najczęściej kilka tygodni przed maratonem jest wysyłany list ze wszystkimi szczegółami dotyczącymi dnia zawodów.

Oczywiście największe maratony świata mogą stosować nieco inne zasady. Maraton Londyński, jeden z najlepszych maratonów świata, należy także do tych największych i jednym z etapów zgłoszenia jest losowanie. Każdy może zgłosić swój udział w loterii. Ze zgłoszeń wybierani są uczestnicy. Nie wystarczy wysłać wypełnionego formularza zgłoszeniowego – bierzesz udział w losowaniu uczestników, a jeśli w ten sposób ci się nie uda, możesz wypróbować inne opcje.

Powodem tych działań jest niezwykła popularność tej rangi wydarzeń. Liczba kandydatów znacznie przekracza liczbę dostępnych miejsc, a system losowania zapewnia uczciwą szansę na udział w zawodach każdej zgłaszającej się osobie.

NAJWIĘKSZE MARATONY ŚWIATA

Pięć największych maratonów świata połączyło siły, tworząc największe maratony świata (World Marathon Majors). Wybierając swój pierwszy maraton, zdecyduj się na jeden z nich. Maratony w Berlinie, Londynie, Nowym Jorku, Bostonie i Chicago zapewniają to, czego osoby biorące udział w takiej imprezie po raz pierwszy oczekują. Nie mają sobie równych i gwarantują standardy organizacyjne oraz wsparcie widzów na takim poziomie, że przekroczenie linii mety nie da się porównać z żadnym innym doświadczeniem.

Wskazówka

Nie lekceważ tego, że dopingujący cię widzowie będą stanowić ogromny czynnik motywujący cię do biegu; wsparcie widzów może zadecydować o tym, czy ukończysz maraton, czy nie. Trudno się zatrzymać, kiedy wokół słyszy się oklaski i okrzyki zachęty.

Od przystąpienia do biegu aż do linii mety będzie dla ciebie jasne, dlaczego właśnie te maratony się wyróżniają na tle innych. Dobre planowanie zapewnia najwyższy standard wszystkich aspektów związanych z udziałem w maratonie, łącznie z komunikacją między organizatorami a uczestnikiem. Newslettery, strony internetowe, publikacje i błyskawiczne wyniki sprawiają, że są to wydarzenia, których po prostu nie można przegapić. Biorąc udział w jednym z tych biegów zrozumiesz, dlaczego tak wielu przed tobą ciężko pracowało, aby się do nich dostać. Poziom organizacji w dniu zawodów oraz wsparcie tłumu sprawią, że ten bieg będzie dla ciebie niezapomnianym przeżyciem.

Jak się zapewne domyślasz, wysokie standardy sprawiają, że niełatwo o miejsce startowe w tych imprezach. W każdej obowiązuje nieco inny system zgłoszeniowy, niektóre (maratonu w Berlinie i Chicago) hołdują zasadzie „kto pierwszy, ten lepszy". W obu przypadkach należy się zgłaszać przez internet i jeśli wyślesz zgłoszenie w wyznaczonym trzy- lub czteromiesięcznym okresie, zapewnisz sobie miejsce na starcie w zawodach. Sprawdzaj terminy zgłoszeń na stronach internetowych i spiesz się. Jeżeli limit zgłoszeń zostanie przekroczony przed wyznaczonym czasem, następuje zamknięcie systemu zgłoszeniowego, a sytuacja taka z roku na rok ma miejsce coraz wcześniej. Maraton Bostoński stosuje kwalifikacje i można wziąć w nim udział tylko po spełnieniu określonych standardów. W Nowym Jorku i Londynie stosuje się losowanie i bardzo trudno się zakwalifikować, ale bez wątpienia warto.

Wskazówka

Wyjazd za granicę na pierwszy w życiu maraton to kusząca propozycja, a Berlin i Nowy Jork cieszą się szczególną popularnością wśród osób startujących po raz pierwszy. Przemyśl jednak dobrze swoją decyzję, ponieważ wyjazd oznacza, że musisz się lepiej zorganizować, a to może stanowić dodatkowy wysiłek poza treningiem i zbieraniem pieniędzy.

BIEG CHARYTATYWNY

Dawno minęły czasy, gdy wiodące organizacje charytatywne gromadziły ledwie garstkę biegaczy w źle dopasowanych koszulkach, którym wspólnie udawało się zebrać trochę pieniędzy. Teraz wszystko się zmieniło. Każda duża organizacja współpracuje z grupami nawet ponad 500 osób startujących w Maratonie Londyńskim, których celem jest zebranie milionów. Coraz więcej organizacji pozarządowych traktuje tego typu wydarzenia jako kluczowy składnik przychodów swojej działalności, dlatego zachęcają jak najwięcej biegaczy, aby przyłączyli się do zbiórki. Jak to działa?

Organizatorzy największych imprez przyciągających każdego roku więcej chętnych niż dostępnych miejsc sprzedają określoną liczbę miejsc startowych bezpośrednio organizacjom charytatywnym. Następnie organizacje te rekrutują sportowców, którzy zobowiązują się zebrać określoną sumę pieniędzy. Taki sponsoring pokrywa koszt startu zawodnika i opłat administracyjnych, a dodatkowo pozostawia organizacji zysk do wykorzystania na cele związane z działalnością organizacji. Jest to idealne rozwiązanie przynoszące korzyści wszystkim stronom.

Nie myśl, że wystarczy zadeklarować chęć pomocy, by zostać przyjętym. Obecnie sytuacja wygląda nieco inaczej niż jeszcze kilka lat temu. Większość organizacji otrzymuje co roku setki zgłoszeń od chętnych na charytatywny start w Maratonie Londyńskim, więc dokonywana jest spora selekcja. Każda organizacja kieruje się przy wyborze własnymi wytycznymi, w tym oceną możliwości gromadzenia funduszy przez kandydata.

Wskazówka

Wyznaczając sobie cel zbiórki, bądź realistą i nie wymieniaj sumy, którą twoim zdaniem organizacja chciałaby usłyszeć – po kilku miesiącach zbieranie pieniędzy stanie się dla ciebie koszmarem! Organizacje charytatywne tworzą swoje budżety także na podstawie przewidywanych zbiórek pieniędzy podczas tego typu imprez, bądź więc uczciwy i nie podawaj im sum niemożliwych do zrealizowania.

Pamiętaj, że otrzymując miejsce startowe od organizacji pozarządowej, zawierasz z nią swego rodzaju umowę i zobowiązujesz się zgromadzić ustaloną sumę. Nawet jeżeli uda ci się zdobyć własne miejsce startowe w imprezie rangi Maratonu Londyńskiego i tak powinieneś pomyśleć o zorganizowaniu zbiórki pieniędzy. Wiele wspaniałych fundacji może skorzystać z twojej pomocy.

W Maraton Londyński zaangażowało się już setki organizacji, które co roku gromadzą w ten sposób ponad sto trzydzieści milionów złotych na szczytne cele.

Wybór organizacji może być trudny i aby go dokonać, odpowiedz sobie na kilka pytań. Czy coś łączy cię z wybraną organizacją? Jak dużo wiesz o jej działalności? Czy istnieją powody osobiste, dla których właśnie ją powinieneś wybrać? Jak oceniasz swoje możliwości bycia zaakceptowanym przez tę organizację?

Wskazówka

Wybierz organizację, której działalność jest związana z twoimi osobistymi problemami lub jest bliska twojemu sercu. W ten sposób nie tylko wpłyniesz pozytywnie na swoje zaangażowanie w gromadzenie pieniędzy, ale, co najważniejsze, zapewnisz sobie dodatkową motywację do treningu oraz wzbogacisz swoje doświadczenie w dniu zawodów.

Próbując sobie zapewnić miejsce startowe z ramienia organizacji charytatywnej, wiele osób skupia się wyłącznie na jednej organizacji. Wybierają tę, którą naprawdę i szczerze chcą wspierać. Osoby decyzyjne mogą wziąć to pod uwagę przy wyborze. Z punktu widzenia organizacji takie osoby mają większą szansę poważnie zaangażować się w zbiórkę i zrealizować zamierzony cel finansowy. Jednak wiele innych osób wybiera opcję kilku zgłoszeń. Wysyłając zgłoszenie do wielu organizacji w tym samym czasie, możesz zwiększyć swoje szanse dostania się do maratonu, choć to zwiększa prawdopodobieństwo wybrania przez organizację, która nie jest najbliższa twojemu sercu. Zbiórka pieniędzy może się okazać niezwykle trudna, w efekcie może ucierpieć całe twoje doświadczenie jako maratończyka. Skoncentruj się na dobrym wyborze i weź pod uwagę charytatywną stronę swoich przygotowań. Nie zapominaj o zaangażowaniu, a wszyscy na tym skorzystają.

Po otrzymaniu potwierdzenia udziału skup się na nowych wyzwaniach – treningu i zbiórce pieniędzy. Jeśli otrzymałeś miejsce startowe od organizacji pozarządowej, gromadzenie funduszy jest kluczowe, natomiast jeśli zdobyłeś miejsce zwyczajną drogą, zbiórka jest opcjonalna.

Pamiętaj też o tym, że organizacja sporo w ciebie zainwestuje przez następnych kilka miesięcy i jeśli zrezygnujesz, będziesz dla niej obciążeniem finansowym. Wiele osób jest zmuszonych zrezygnować z powodu kontuzji – czasem w wyniku nieprzestrzegania planu treningowego – jednak są i tacy, którzy poddają się, ponieważ nie przygotowali się odpowiednio i dociera do nich, że nie dadzą rady. W Maratonie Londyńskim istotne są dwie daty. Pierwsza to termin przyjmowania zgłoszeń osób ubiegających się o miejsce charytatywne, druga to termin, do którego można nadsyłać informację o zastępstwie zawodnika. Jeśli wycofasz swój udział po drugiej dacie, a miałeś miejsce wykupione przez organizację, nie będzie miała ona możliwości wystawienia zastępstwa i twoje miejsce się zmarnuje. Może to mieć zgubny wpływ na działalność każdej organizacji charytatywnej. Dobrze przemyśl swoją rezygnację, pamiętaj o skutkach. W przypadku prawdziwej kontuzji nic nie można zrobić, ale jeśli powodem jest coś, co możesz zmienić, zastanów się, a w przypadku wątpliwości wycofaj się na tyle wcześnie, by ktoś miał szansę pobiec za ciebie.

Pamiętaj też, że jeśli któraś organizacja zaoferuje ci miejsce na starcie i postanowisz się wycofać, możesz nie otrzymać od tej organizacji drugiej szansy w przyszłości. Często ją dostaniesz, ale nie masz żadnych gwarancji. Charytatywne miejsce startowe należy do organizacji, a nie do uczestnika biegu.

Bieg charytatywny może być wspaniałym doświadczeniem, zapewniając ci ogromne wsparcie, które może zadecydować o tym, jak będzie wyglądał dla ciebie dzień startu.

10 NAJWAŻNIEJSZYCH PUNKTÓW

1. Wyszukaj w internecie informacje na temat dostępnych maratonów – stwórz listę 10 najlepszych, w których chciałbyś wziąć udział.
2. Określ najważniejszy dla ciebie cel przebiegnięcia maratonu. Pomoże ci to wybrać imprezę najbardziej odpowiadającą twoim potrzebom.
3. Wybór maratonu nie powinien być spontaniczny, przemyśl dobrze swoją decyzję.
4. Decydując się na pomoc organizacji charytatywnej, realnie oceń, ile pieniędzy jesteś w stanie zebrać.
5. Decydując się na bieg w szczytnej sprawie, wybierz coś, z czym odczuwasz związek. Pomoże ci to zbierać fundusze, trenować oraz wzbogaci twoje doświadczenie w dniu zawodów.
6. Startując z miejsca charytatywnego, pamiętaj, że trening i zbiórka pieniędzy to nie są oddzielne cele – to podwójne wyzwanie.
7. Jeśli masz zapewnione miejsce charytatywne i chciałbyś zrezygnować, twoja decyzja będzie miała ogromny wpływ na wybraną przez ciebie organizację. Dlatego dobrze się zastanów!
8. Na większe imprezy może być trudniej się dostać, ale wsparcie ze strony publiczności będzie większe i może zadecydować o tym, czy ukończysz zawody.
9. Decydując się na udział w maratonie za granicą, musisz poświęcić więcej czasu na sprawy organizacyjne, co może być dodatkowym obciążeniem przy treningu i zbiórce pieniędzy.
10. Wszystkie maratony mają własne procedury przyjmowania zawodników, od bardzo prostych po całkiem skomplikowane. Udział w jednym z największych maratonów świata wymaga znacznych starań z twojej strony, ale w Polsce możesz się po prostu „pojawić" na starcie i wziąć udział w maratonie.

3

Wszedłeś w to – co dalej?

W tym rozdziale dowiesz się:

- **jak znaleźć czas na to wszystko,**
- **jak wyznaczać sobie kolejne cele,**
- **jak prowadzić dziennik treningów.**

Na początek
Bardzo ważne jest prowadzenie dziennika treningów i monitorowanie postępów na tle wyznaczonych celów krótko-, średnio- i długoterminowych.

Stanąć na starcie niektórych maratonów nie jest wielkim wyzwaniem, ale udział w maratonie w Londynie czy Nowym Jorku to zupełnie inna historia. Otrzymując informację o zakwalifikowaniu się do nich, ma się poczucie, że dokonało się czegoś niezwykłego, mimo że nie przekroczyło się jeszcze nawet linii startu, o mecie nie wspominając.

Powiadomienia od organizatorów Maratonu Londyńskiego przychodzą w formie publikacji znanej w branży jako magazyn „przyjętych". Jeśli się nie dostałeś, otrzymujesz wersję „odrzuconych". Losowane jest silnie obsadzone kandydatami, więc otrzymując kopię „przyjętych", możesz być dumny, bo to oznacza, że naprawdę miałeś szczęście. Są inne możliwości, takie jak bieg charytatywny, ale również te miejsca cieszą się coraz większą popularnością.

Kiedy już zdobędziesz miejsce startowe, co dalej? Zwykle pierwszą reakcją jest panika. Udział w losowaniu przed Maratonem Londyńskim to praktycznie loteria, a więc zdobycie miejsca może być szokiem! Stosunkowo łatwo o udział w większości pozostałych maratonów – wystarczy zarejestrować się przez internet (w większości przypadków) i po kilku minutach masz zapewniony start, chyba że przyjmowanie zgłoszeń zostało zamknięte (ale tę informację powinieneś otrzymać na samym początku rejestracji).

Wiadomość o wygranej w losowaniu przed Maratonem Londyńskim otrzymasz w pierwszym tygodniu października, co daje ci mnóstwo czasu na wykonanie wszechstronnego planu treningowego, dzięki któremu w kwietniu pojawisz się na starcie w dobrej formie – zakładając, że już trochę biegasz.

Wskazówka
Jeśli dopiero zaczynasz przygodę z bieganiem, najlepiej rozpocząć od treningu wprowadzającego, ponieważ sześć miesięcy to niedużo dla osoby bez odpowiedniego przygotowania fizycznego.

Bez względu na wcześniejsze doświadczenia warto odwiedzić lekarza i powiedzieć mu o swoich planach, żeby mógł cię przebadać. Jest to szczególnie ważne, jeżeli przez długi czas nie ćwiczyłeś. Jeśli nosisz kilka zbędnych kilogramów, pierwsze tygodnie będą dla ciebie szczególnie dużym wyzwaniem, dlatego dobrze, żeby obejrzał cię lekarz.

Kiedy już otrząśniesz się z pierwszego szoku i skontrolujesz stan swojego zdrowia, pora na ocenę sytuacji i planowanie. Jest kilka ważnych rzeczy, które musisz zrobić.

POROZMAWIAJ Z RODZINĄ I ZNAJOMYMI

Jak już wspomniałem, udział w maratonie zmieni życie nie tylko twoje, ale też ludzi w twoim otoczeniu. Musisz zaakceptować to, że twoja decyzja wpłynie na życie wielu osób, i ważne jest, żeby przedyskutować to z nimi już na samym początku. Wiele dni i wieczorów poświęcisz na trening i będziesz musiał znaleźć na to czas. Większość ludzi prowadzi zabiegane, bogate towarzysko życie i całkiem możliwe, że będzie to czas, który normalnie spędziłbyś z najbliższymi. Nie tylko ty, ale również twoja rodzina i znajomi musicie to zrozumieć na samym początku, żeby uniknąć późniejszego zamętu i nieporozumień. Nie chcesz w połowie planu treningowego usłyszeć czegoś w rodzaju: „Albo ja, albo maraton!" Będziesz potrzebować ogromnego wsparcia, pozwól więc bliskim uczestniczyć w twojej przygodzie – nie zostawiaj ich z tyłu!

WYBIERZ PROGRAM TRENINGOWY I TRZYMAJ SIĘ GO

Wskazówka
Po co ci plan treningowy? To proste – bo dzięki niemu ponosisz mniejsze ryzyko kontuzji, masz większą motywację i zwiększysz swoje osiągnięcia.

Bądź realistą przy wyborze planu, bo byłoby niedobrze, gdybyś po kilku tygodniach musiał go zmienić. Jeśli uważasz, że trudno będzie ci znaleźć tyle czasu, ile byś chciał, zacznij od programu wprowadzającego. Ostrożnie ustalaj czas zakończenia treningu. Cztery godziny biegu mogą się wydawać całkiem możliwe do zrealizowania, kiedy wyobrażasz sobie zawody, siedząc na kanapie, ale po kilku tygodniach treningu mogą stać się naprawdę odległym marzeniem. Aby pobiec przez cztery godziny, musisz porządnie zaangażować się w ćwiczenia i przygotować na bieganie pięć razy w tygodniu w dobrym tempie przez ostatnie dwa miesiące. Powinieneś też dać radę przebiec półmaraton w mniej więcej godzinę 45 minut. Ale trzygodzinny maraton... to już zupełnie inna historia!

Po ustaleniu planu trzymaj się go. Skakanie po różnych planach treningowych to zły pomysł z wielu powodów. Każdy plan rozpoczyna się od fazy kondycyjnej. Plan wprowadzający zaczyna się od wypracowania kondycji niezbędnej do prawdziwego biegania. Jeśli po kilku tygodniach przerzucisz się na plan czterogodzinny, nie będziesz mieć odpowiedniego przygotowania do niego i narazisz się na kontuzje. Kontuzje to przekleństwo wielu osób trenujących do maratonu, często pojawiające się w wyniku nieprawidłowego treningu. Nie oznacza to, że trening był zły, ale został przeprowadzony nieprawidłowo – zwykle bez odpowiedniego przygotowania kondycyjnego, czyli z pominięciem fazy biegania przygotowawczego.

ZDECYDUJ, JAK WSZYSTKO ZE SOBĄ POGODZISZ

Trening do maratonu to nie zajęcie, które można tak po prostu wcisnąć do napiętego kalendarza; musisz wprowadzić zmiany w swoim życiu, żeby się udało.

Większość z nas w rzeczywistości ma na to czas – tylko o tym nie wiemy. Pomyśl, bez których programów telewizyjnych możesz się obejść i jak możesz przeorganizować swoje obowiązki. Możesz biegać przed pracą lub w czasie przerwy na obiad? Późny powrót do domu nie zachęca do biegania wieczorami, ale jakieś zmiany musisz wprowadzić, więc zastanów się dobrze, jak pogodzić ze sobą wszystkie obowiązki.

Dotyczy to również dłuższych biegów weekendowych oraz imprez biegowych stanowiących ważny element przygotowań do maratonu. Jeśli w weekendy uprawiasz inne sporty lub oddajesz się rozrywkom, być może na chwilę będziesz musiał z nich zrezygnować. W zaawansowanej fazie treningu będziesz potrzebować na bieg weekendowy od jednej do trzech godzin, do tego trzeba dodać czas na rozgrzewkę oraz rozciąganie i prysznic po skończonym treningu, więc pod koniec programu treningowego będzie to w sumie do czterech, nawet pięciu godzin. Mówimy tylko o jednym dniu weekendu, ale nie oznacza to, że drugiego będziesz wyłącznie odpoczywać, nie rób więc poważnych planów niezwiązanych z bieganiem.

PROWADŹ NOTATNIK CELÓW KRÓTKO-, ŚREDNIO- I DŁUGOTERMINOWYCH

Twój trening do maratonu składa się z kilku podstawowych punktów, a samo przebiegnięcie całego dystansu jest jednym z nich. W tym czasie następuje wiele ważnych faz, w tym udział w pierwszym biegu na pięć kilometrów oraz półmaraton. Na te spotkania musisz przeznaczyć co najmniej pięć niedziel, między styczniem a kwietniem w przypadku przygotowań do Maratonu Londyńskiego lub odpowiednio w innym czasie, jeśli startujesz w innym maratonie.

Kiedy tylko dowiesz się, że masz zaklepany start w wybranym maratonie, zacznij planować udział w imprezach treningowych. Zajrzyj na stronę www.realbuzz.com* i poczytaj o zawodach na wszystkich możliwych dystansach, zacznij też planować udział w nich zgodnie ze swoim planem treningowym. Z planu dowiesz się, kiedy powinieneś przebiec jaki dystans, zacznij więc rezerwować sobie miejsca w wybranych imprezach. Na większość takich zawodów stosunkowo łatwo się dostać z wyjątkiem kilku ważniejszych półmaratonów. Wyślij zgłoszenie najszybciej, jak możesz. Nie zostawiaj tego na ostatnią chwilę, bo może się okazać, że na spotkania stanowiące część twojego treningu będziesz musiał jeździć o wiele dalej, niżbyś chciał. W większości przypadków zgłoszenia przyjmowane są przez internet.

Od razu zapisz wszystkie planowane wydarzenia w notatniku, ponieważ będą twoimi celami na kolejne etapy treningu. W początkowej fazie nie musisz się martwić ogromnym dystansem 42 km 195 m, skup się za to na przebiegnięciu pięciu, dziesięciu i piętnastu kilometrów, a następnie półmaratonu. To właśnie te przejściowe dystanse powinny stanowić twój cel, a bieganie wśród setek innych startujących osób będzie dodatkową motywacją. Wiele osób traci zapał do treningu, bo koncentrują się wyłącznie na największym, końcowym wyzwaniu, a nie kolejno na kilku mniejszych po drodze.

Wskazówka

Im szybciej skupisz się na mniejszych celach prowadzących do ostatecznego, tym lepiej. To właśnie klucz do ukończenia treningu i samego maratonu – podzielenie tego ogromnego wyzwania na łatwiejsze części, które realizujesz jedna po drugiej.

---

* Kalendarz imprez biegowych w Polsce dostępny na stronie maratonypolskie.pl w zakładce Kalendarz.

RÓB NOTATKI

Motywacja jest kluczem do maratonu, a jednym z najsilniejszych motywatorów jest prowadzenie dziennika treningów. Możesz skorzystać z wielu dostępnych w sklepach organizerów lub prowadzić dziennik w komputerze. Jedną z najfajniejszych opcji jest prowadzenie bloga, a na www.realbuzz.com* znajdziesz kilka różnych formatów, w tym dla osób planujących bieg w Londynie. Blog pozwoli ci na prowadzenie dziennika online, dzięki czemu inne osoby będą mogły komentować twoje postępy. Sam możesz zdecydować, czy te komentarze będą widoczne. Możesz też skorzystać z funkcji wysyłania e-mali do znajomych z twojej listy mailingowej, ilekroć zamieścisz nowy post. Dzięki temu najbliżsi mogą śledzić na bieżąco twoje postępy, a jak już wspominałem, jest to niezwykle ważne.

Wskazówka
Na drodze do maratonu nie jesteś sam, a dzielenie się tym doświadczeniem z innymi dążącymi do tego samego celu jest niezwykle ważne. Blogi to doskonałe narzędzie do wymiany informacji, porad, dzielenia się chwilami lepszymi i gorszymi od początku treningu aż do dnia zawodów, a nawet dłużej.

Dziennik treningów – czy to w formie bloga, specjalnie stworzonego programu komputerowego czy zwykłego zeszytu – odgrywa kilka istotnych ról. Omówimy je bardziej szczegółowo w rozdziale o treningu. Nie zwlekaj z rozpoczęciem pisania dziennika, im szybciej zaczniesz, tym lepiej. Zobaczysz, z jaką satysfakcją będziesz obserwować stopniowe zwiększanie się liczby wpisów na każdy dzień; bez względu na odległość do przebiegnięcia, nie będziesz chciał przegapić żadnego biegu z listy!

---

* Wiele polskich blogów znajdziesz na maratonypolskie.pl.

ZACZNIJ MYŚLEĆ O STROJU

Poświęcam oddzielny rozdział wybieraniu odpowiedniego stroju, ale jednym z najważniejszych aspektów robienia zakupów do treningu jest dokonanie wyboru szybko i przy pomocy profesjonalisty. Jeżeli jesteś osobą zupełnie początkującą czy nawet biegasz, ale sporadycznie, prawdopodobnie nie masz jeszcze odpowiedniego stroju.

Wskazówka
Ponieważ bieganie postrzegane jest jako sport stosunkowo prosty i niewymagający specjalistycznego sprzętu, wiele osób nie docenia, jak ważne jest tu odpowiednie wyposażenie. Owszem, rozpoczęcie biegania nie jest skomplikowane i wymaga tylko kilku rzeczy, jednak muszą one odpowiadać twoim potrzebom i dobrze spełniać swoje zadanie.

Nie należy rozpoczynać treningu do maratonu, nie mając odpowiedniego stroju, a szczególnie właściwie dobranych butów do biegania, więc od razu udaj się do profesjonalnego sklepu sportowego.

Poproś kogoś z doświadczeniem o pomoc w zmierzeniu twoich stóp i poradź się w kwestii wyboru marki i modelu – więcej na ten temat później.

POCZUJ TO!

Skoro udało ci się zarezerwować miejsce w jednym z dużych maratonów, pomyśl o tym, jakie miałeś szczęście i ciesz się całą przygodą od dnia, w którym otrzymałeś potwierdzenie udziału, aż do przekroczenia linii mety – jesteś w gronie szczęściarzy.

Jeśli zdecydowałeś się na udział w mniej obleganym maratonie, to i tak rozpoczynasz przygodę swojego życia. Ciesz się nią!

10 NAJWAŻNIEJSZYCH PUNKTÓW

1. Nie panikuj, kiedy otrzymasz potwierdzenie udziału; uporaj się z pierwszym szokiem i skup na treningu.
2. Udaj się do lekarza na wizytę kontrolną przed rozpoczęciem treningu.
3. Wybierz plan treningowy i trzymaj się go.
4. Jeżeli nigdy wcześniej nie biegałeś, rozpocznij od treningu wprowadzającego przed wysłaniem zgłoszenia.
5. Omów szczegóły z rodziną i znajomymi i zacznij planować, jak pogodzisz trening z obecnym stylem życia i obowiązkami.
6. Zapisz sobie krótko-, średnio- i długoterminowe cele.
7. Zacznij prowadzić dziennik lub blog, żeby śledzić swoje postępy.
8. Zrób listę imprez sportowych, w których weźmiesz udział po drodze.
9. Odwiedź specjalistę od biegania i poradź się w sprawie wyboru marki i modelu butów.
10. Ciesz się treningiem i wyzwaniem, które cię czeka.

4

Odpowiedni sprzęt

W tym rozdziale dowiesz się:

- **jakie są korzyści z kupienia odpowiedniego stroju,**
- **w co się ubierać i kiedy,**
- **jak wybrać buty do biegania,**
- **jakich akcesoriów będziesz potrzebować.**

Na początek

Jeśli wybierzesz właściwy strój, bieganie będzie o wiele przyjemniejsze. Weź pod uwagę, w jakich warunkach będziesz biegać, i zainwestuj w siebie!

Na pewno ich widujesz – jedziesz samochodem i nagle zupełnie znikąd pojawia się ktoś, kto wygląda jak skrzyżowanie yeti z uczestnikiem przedszkolnego konkursu na śmieszny strój. Oto słabo przygotowany biegacz, który nie odkrył jeszcze świata tkanin oddychających. Ty czujesz się, jakbyś się przeniósł w lata siedemdziesiąte, a to po prostu ktoś, kto przegapił rewolucję technologiczną.

Wygląd nowoczesnego biegacza to efekt rozwoju technologicznego, który w zaskakująco krótkim czasie odmienił zawody biegowe. Nie ma już żadnej wymówki dla braku odpowiedniego stroju. Wystarczy, że wejdziesz do sklepu sportowego, a zaleją cię akcesoria. Bez niektórych możesz się obejść, bez innych nie, ale co najważniejsze – musisz zrozumieć zasady dokonywania wyboru. Zbierz trochę informacji i podejmij sensowne decyzje dotyczące tego, czego naprawdę potrzebujesz.

Bieganie nie jest szczególnie drogim hobby w porównaniu z wieloma innymi, ale musisz mieć świadomość, że do osiągnięcia najlepszych rezultatów konieczne są pewne nakłady. Przygotuj się na wydatek rzędu 400–600 złotych na początek i bądź gotowy na więcej. W miarę rozwoju treningu będziesz musiał regularnie wymieniać poszczególne elementy stroju. Ale przynajmniej unikasz dużego wydatku początkowego koniecznego w niektórych innych dyscyplinach. Wyobraź sobie, że rozpoczynasz trening do triatlonu i musisz kupić porządny rower!

ZALETY WYBORU ODPOWIEDNIEGO STROJU

Istnieje wiele powodów, dla których powinieneś upewnić się, że od pierwszego dnia treningu masz na sobie dobrze dobrany strój.

➲ BĘDZIE CI SIĘ LEPIEJ BIEGAŁO

Właściwy strój będzie miał ogromny wpływ na sposób biegania. Wiele osób przegrzewa się już po kilku kilometrach, szczególnie w niepogodę, kiedy zakładają zbyt wiele niewłaściwych ubrań. Są i tacy, którzy biegają w stroju obcierającym, podrażniającym lub raniącym skórę. Niedopasowany lub nieodpowiedni strój często prowadzi do słabych wyników, a to z kolei wpływa niekorzystnie na twoje morale. Utrzymanie motywacji na odpowiednio wysokim poziomie i tak jest trudne, szczególnie zimą, więc ostatnią rzeczą, której potrzebujesz, jest utrudnianie sobie zadania źle wybranym strojem.

Wskazówka
Przymierzając element stroju do biegania przed zakupem, przebiegnij się kawałek lub przynajmniej wykonaj kilka ruchów imitujących bieg, żeby poczuć, czy jest wygodny. Wiem, że możesz się czuć skrępowany w sklepie, ale tylko tak możesz sprawdzić, czy ubranie będzie wygodne i odpowiednie dla ciebie.

Im lżejszy strój, tym lepiej. Należy ograniczyć dodatkowe obciążenie do minimum. Stroje biegowe są dziś niezwykle lekkie; tak naprawdę są lżejsze niż kiedykolwiek wcześniej, więc postaraj się wybrać jak najlepiej. Im cięższy ubiór tym trudniej będzie ci się w nim poruszać. Wybierz mądrze, a na pewno poczujesz różnicę.

➲ UNIKNIJ KONTUZJI

W czasie treningu ryzyko kontuzji pojawi się wiele razy, zatem powinieneś zrobić wszystko co w twojej mocy, by ich uniknąć. Dlatego między innymi tak ważne jest noszenie odpowiedniego stroju i butów do biegania. Wybierając źle, ściągniesz na siebie problemy.

Jedną z głównych przyczyn kontuzji u wielu biegaczy są buty. Za małe, za duże, nienadające się do biegania – to wszystko gwarantuje problemy. Jak widzisz, potencjalnych źródeł kłopotów jest sporo.

Nawet nieodpowiednie ubranie może być powodem kontuzji, choć nie w takim stopniu i nie aż tak poważnych, jak źle dobrane buty. Zbyt obcisły strój może wywołać otarcia, które w najgorszym przypadku mogą doprowadzić do przerwania treningu, a czasem spowodować infekcje. Zbyt luźny strój także może drażnić skórę, więc upewnij się, że kupujesz naprawdę dobrze dopasowane ubranie.

➲ BEZPIECZEŃSTWO PRZEDE WSZYSTKIM

Odpowiedni ubiór może nawet uratować ci życie. Trenowanie na półkuli północnej do zawodów takich jak Maraton Londyński niekiedy się wiąże z koniecznością biegania po zmroku, a to może być niebezpieczne, szczególnie kiedy jesteś zmuszony biegać wzdłuż dróg bez chodników. Z tego powodu tak ważne jest zakładanie stroju wyposażonego w paski odblaskowe, często spotykane w ubraniach sportowych uszytych z nowoczesnych tkanin, lub przynajmniej opaski odblaskowej dostępnej w większości przyzwoitych sklepów sportowych. Jeżeli biegasz w stroju starszego typu, prawdopodobnie nie ma on żadnych właściwości odblaskowych.

Wskazówka
Samozaciskowe opaski odblaskowe są naprawdę przydatne i mają szerokie zastosowanie; można założyć je na nadgarstek, ramię lub kostkę i w ten sposób stworzyć sobie strój z elementami odblaskowymi.

➲ LEPIEJ SIĘ POCZUJESZ

Nowoczesny strój do biegania da ci nie tylko pożądany wygląd, bezpieczeństwo i ochronę przed kontuzjami, ale także dobre samopoczucie. Nie ma wątpliwości, że im lepiej czujesz się w swoim stroju, tym większa jest twoja pewność siebie i w efekcie tym lepiej zaczynasz biegać. Mimo to nie zakładaj, że lepiej ubrany sportowiec automatycznie lepiej biega. Z pewnością nie. Jednak świetne samopoczucie gwarantuje większą przyjemność z biegania, co się przekłada na większą szansę na poprawienie formy.

Nie oznacza to, że musisz co miesiąc kupować nową koszulkę tylko po to, żeby zadowolić stylistów, ale dobrze jest nosić ubrania z odpowiednich do biegania tkanin i być na bieżąco z nowinkami technologicznymi.

Wskazówka
Strój, którym się cieszysz i który masz ochotę zakładać, będzie miał wpływ na twoją chęć trenowania. Jeśli nie możesz się doczekać, żeby wybiec na dwór w swoim nowym stroju, masz większą szansę na wytrwanie w postanowieniach treningu.

BIEGANIE O RÓŻNYCH PORACH ROKU

W miarę postępów będziesz miał przyjemność trenowania o różnych porach roku. Jeśli przygotowujesz się do kwietniowego maratonu w Londynie, czekają cię raczej treningi w trudnych warunkach, podczas gdy udział w Maratonie Nowojorskim oznacza, że twój trening przypada na najprzyjemniejszy letni czas. Istnieją oczywiście wady i zalety trenowania w kolejnych porach roku, każda wymaga też przygotowania innego stroju.

➲ TRENING W OKRESIE LETNIM

Od maja do września twój strój biegowy będzie zasadniczo różnić się od używanego podczas chłodniejszych miesięcy. Późną wiosną i latem będziesz zakładać na siebie stosunkowo niewiele, a podstawę będą stanowić spodenki i koszulka.

Mimo to ważne jest odpowiednie przygotowanie do biegania. Należy zakładać czapkę, by chronić głowę przed słońcem, oraz zainwestować w dobrej jakości okulary przeciwsłoneczne. Trzeba także pamiętać o kremie z filtrem przeciwsłonecznym. Długie bieganie w słońcu wystawi cię na działanie znacznych ilości szkodliwych promieni, dlatego musisz się odpowiednio zabezpieczyć. Jeżeli możesz, unikaj biegania w godzinach południowych, czyli w największym upale. Wczesny ranek i późny wieczór to najlepszy wybór. Bez względu na porę dnia nigdy nie zapominaj o butelce wody, która pomoże ci uniknąć odwodnienia.

Cienkie skarpetki to konieczność w upale, ponieważ chronią stopy przed przegrzaniem. W miejscach o gorącym klimacie można znaleźć buty przystosowane do biegania w upale. Będą przewiewniejsze niż na przykład buty stosowane w Wielkiej Brytanii.

Najważniejsze są wybieranie cienkich warstw ubrania i kompleksowa ochrona przed słońcem.

➲ TRENING W ZIMIE

Warstwy mają także znaczenie w zimie, ale z innych powodów. Wiele osób, szczególnie początkujący biegacze, w zimne dni zakłada na siebie najgrubsze bluzy, żeby chronić się przed niepogodą. To podstawowy błąd.

Sposobem na ochronę przed zimnem jest zakładanie kilku warstw odzieży; powietrze zostaje uwięzione pomiędzy warstwami i odgrywa rolę izolacji. W miarę jak się rozgrzewasz, możesz zdejmować kolejne warstwy, żeby zachować optymalną temperaturę ciała. Każda warstwa powinna być wykonana z odpowiedniej tkaniny, która pomoże usuwać pot z twojego ciała. Kiedy zakładasz grube ubranie z nieodpowiedniej tkaniny, sytuacja wygląda odwrotnie. Coraz więcej potu gromadzi się pod ubraniem, a jeśli masz na sobie tylko jedną czy dwie grube warstwy, nie możesz ich zdjąć, bo temperatura ciała obniży się zbyt gwałtownie.

Unikaj polaru i grubych koszulek bawełnianych, a jeśli zamierzasz biegać w kurtce przeciwdeszczowej, upewnij się, że jest wykonana z tkaniny oddychającej.

Zainwestuj w parę porządnych rękawiczek, czapkę i legginsy, także pamiętając, żeby wszystkie elementy były wykonane z tkanin przepuszczających powietrze.

BUTY

Po wizycie w dużym sklepie sportowym i obejrzeniu wyboru obuwia do biegania możesz się poczuć skołowany. Na rynku znajduje się ogromna różnorodność produktów, z których większość nigdy nie będzie dla ciebie przydatna. Masz do wyboru nie tylko wiele różnych marek i modeli oferowanych przez każdą z tych marek, ale różne buty dla kobiet i mężczyzn, a także podział na wiele kategorii.

Świat butów biegowych pełen jest marketingowego żargonu. Zostaniesz zasypany „technicznymi" walorami, które zasadniczo nie różnią się od siebie, ale każda marka nadaje im własną nazwę. W ostatnich kilku latach buty uległy wielu przemianom, szczególnie w zakresie amortyzacji, pomagając zmniejszyć liczbę kontuzji. Kilka znanych marek zdominowało rynek, ale to, że nie słyszałeś o danym producencie, nie powinno zniechęcać cię do przymierzenia jakiegoś modelu. Wielu producentów butów biegowych specjalizuje się wyłącznie w tym sektorze i dysponuje niewielkim budżetem na reklamę, ale biegacze polecają sobie nawzajem ich produkty. Niewielki udział w rynku nie musi oznaczać niskiej jakości, raczej brak potężnych wydatków na reklamę.

Wybierając pierwsze buty do biegania, warto poszukać sklepu wyspecjalizowanego w tej dyscyplinie. W większości dużych miast znajdziesz taki sklep, a jeśli nie ma go w twojej miejscowości, polecam wycieczkę do najbliższego miasta z takim sklepem. Porady osoby kompetentnej mogą uchronić cię przed późniejszym uczuciem dyskomfortu lub kontuzją. To najważniejszy zakup, musisz więc polegać na zdobytej samodzielnie wiedzy oraz specjalistycznej pomocy w sklepie. Udaj się do sklepu sportowego w centrum handlowym w sobotnie grudniowe popołudnie, a prawdopodobnie wyjdziesz z nieodpowiednimi butami. Udaj się do wyspecjalizowanego sprzedawcy, a najpewniej wybierzesz właściwie. Większość takich sklepów zatrudnia osoby, które same biegają, a to robi ogromną różnicę. Inną zaletą takich sklepów jest to, że często można w nich znaleźć bieżnie. Dzięki temu obsługa może przez kilka minut popatrzeć, jak biegasz, i ocenić twój styl czy krok. Czasem możliwa jest również analiza twojego ruchu na ekranie komputera ułatwiająca wybranie najlepszych dla ciebie butów. Nie każdy sklep oferuje takie udogodnienia (w niektórych analiza może zostać przeprowadzona na podstawie twojego biegu w sklepie lub na zewnątrz), ale zdecydowanie warto poszukać takiego, który je ma.

Przedział cenowy jest dość duży, zaczynając się od około 200 aż do 500 złotych. Drogie nie zawsze znaczy najlepsze, choć często za dobrą jakość trzeba odpowiednio zapłacić, jak to w życiu. Jeżeli ustaliłeś sobie górną granicę, bądź nieco elastyczny, gdy okaże się, że z trzech przymierzonych modeli najwygodniejszy i najlepiej dopasowany okazał się ten, który nieznacznie przekracza sumę, jaką chciałeś wydać. Ten zakup to twój klucz do sukcesu, a wygoda jest podstawą – oraz, oczywiście, zapobieganie kontuzjom. Zainwestuj w siebie, a bieganie sprawi ci większą przyjemność.

SKARPETKI

Większość początkujących twierdzi, że skarpetka to skarpetka. Zestaw trzech białych skarpet bawełnianych powinien przecież wystarczyć na kilka miesięcy biegania. Jednak, jak w wielu sportach, nie wszystko jest tym, czym się wydaje. Wybór skarpetek jest obecnie niemal tak duży jak butów, a wielu producentów oferuje coraz nowsze technologie.

Mądry wybór może potencjalnie zmniejszyć ryzyko powstawania pęcherzy, zminimalizować nacisk na ścięgno Achillesa oraz korzystnie działać na twoje podbicie. Nie kupuj więc paczki pierwszych z brzegu bawełnianych skarpet, ale wydaj mądrze pieniądze i zasięgnij przed zakupem porady.

W przeciętnym sklepie sportowym znajdziesz wiele różnych skarpetek do biegania od co najmniej sześciu producentów. Każdy z nich oferuje wybór, który może przyprawić o ból głowy – jakich skarpetek tak naprawdę potrzebujesz? Poproś kogoś z obsługi o pomoc, tak samo jak przy wyborze butów. Zły wybór może wpędzić cię w kłopoty, tymczasem dobry wręcz ułatwi ci bieganie.

Jedną z najistotniejszych zmian ostatnich lat było wprowadzenie technologii zapobiegającej powstawaniu pęcherzy. Nie ma oczywiście stuprocentowej gwarancji, ale użycie dwóch warstw materiału okazało się wybawieniem dla wielu osób borykających się z powracającymi pęcherzami. Dwie warstwy ocierają się o siebie, a nie o twoją skórę, zmniejszając tarcie powodujące powstawanie pęcherzy; dodatkowo lepiej chronią przed wilgocią, czyli kolejną przyczyną podrażnień. Kup jedną parę i je wypróbuj. Naprawdę warto wydać trochę więcej!

Wielu producentów oferuje również skarpety dopasowane anatomicznie do prawej i lewej stopy. To subtelna różnica, którą także warto wypróbować. Łatwo je odróżnić dzięki oznakowaniu literami L i R (ang. *left* i *right*).

Cokolwiek wybierzesz, nie wrzucaj do koszyka pierwszych lepszych skarpetek. Musisz poświęcić trochę czasu na wybór odpowiedniej ochrony dla stóp, a to oznacza buty ORAZ skarpetki.

BIELIZNA

Wiele firm reklamuje specjalistyczną bieliznę sportową, ale jeśli nie jesteś jeszcze gotowy na taki wydatek – nie martw się, nie jest on konieczny. Najważniejsze, żeby twoja bielizna była lekka. Nie zakładaj nic grubego, ciężkiego ani workowatego. Na przykład luźne bokserki dla mężczyzn to nie najlepszy pomysł. Wybieraj bieliznę dobrze przylegającą do ciała, ale nie obcisłą.

➲ BIUSTONOSZE SPORTOWE

Biustonosze sportowe to ogromny przemysł, a niektórzy producenci wyłącznie w nich się specjalizują! Każda kobieta, bez względu na rozmiar, powinna wyposażyć się w specjalny biustonosz do biegania – i to nie pierwszy, jaki wpadnie jej w oko.

Nie myśl, że jeden biustonosz będzie ci służył w nieskończoność. Ogólnie mówiąc, należy pomyśleć o wymianie po mniej więcej czterech miesiącach przeciętnego użytkowania. Obserwuj, jak dobrze biustonosz podtrzymuje twój biust, i wymień go, kiedy zauważysz, że stał się luźniejszy lub zaczął cię obcierać.

Najważniejsze jest znalezienie właściwego rozmiaru. Biustonosz nie może być za ciasny i jakakolwiek oznaka wrzynania się oznacza, że jest źle dopasowany. Powinnaś móc włożyć dwa palce pod pasek biustonosza. Daj sobie trochę czasu na wybór, a najlepiej udaj się do sklepu, w którym możesz liczyć na fachową poradę. Właściwy rozmiar i krój zapewnią ci wygodę podczas biegania.

SPODENKI

Jeżeli przymierzałeś kiedyś spodenki do biegania, prawdopodobnie zorientowałeś się już, że nie jest to strój, w którym chciałbyś być widywany na ulicy. Delikatnie mówiąc: przylegają – i w wielu przypadkach nawet męska bielizna wydaje się maskować więcej. Zaprojektowano je tak, by zapewnić biegaczom jak największą prędkość. Są oczywiście niezwykle lekkie i krótkie, przez co ledwo je na sobie czujesz. Jeżeli zależy ci na pobiciu własnego rekordu, będą dla ciebie idealne, ale jeśli dopiero zaczynasz, masz kilka innych opcji.

Wybór jest naprawdę spory. Możesz wybrać dowolną długość spodenek, w zależności od tego, jak chcesz wyglądać. Nie należy biegać w bardzo długich spodenkach, bo mogą powodować otarcia. Poszukaj takich z wewnętrznymi i zewnętrznymi kieszeniami, w których można schować gotówkę, klucze i inne drobiazgi. Mężczyźni mogą się zdecydować na spodenki z wewnętrzną siatką, która pozwala zrezygnować z zakładania dodatkowej bielizny. Mogą służyć również jako kąpielówki.

Wielu biegaczy wybiera przylegające spodenki kolarskie. Są często polecane przez fizjoterapeutów jako forma zapobiegania kontuzjom, szczególnie związanych z pachwinami.

Niezależnie od tego, jaki styl wybierzesz, wygoda powinna być dla ciebie priorytetem. Nie kupuj stroju w zbyt dużym ani zbyt małym rozmiarze i weź pod uwagę, że możesz stracić kilka kilogramów w miarę rozwoju treningu.

LEGGINSY

Bieganie w zimowe wieczory to konieczność założenia legginsów. Raczej nie są najbardziej twarzowym elementem stroju biegacza, ale przy niskiej temperaturze odgrywają kluczową rolę. Dzięki nim nie tylko będzie ci cieplej, pomogą ci też uniknąć kontuzji, utrzymując odpowiednią temperaturę mięśni nóg. Zimno sprzyja naciąganiu mięśni, a więc im lepiej rozgrzejesz mięśnie nóg, oczywiście nie przegrzewając ich, tym lepiej.

Jak się zapewne domyślasz, modeli legginsów jest mnóstwo i także w tej kwestii musisz dokonać właściwego wyboru. Będziesz biegać w nich często pomiędzy listopadem a lutym, więc jeśli źle wybierzesz – zimne wieczory staną się dla ciebie koszmarem. Przymierz kilka sztuk i dowiedz się, z jakich materiałów są wykonane. W większości przypadków są to tkaniny oddychające, a to czynnik, który należy wziąć pod uwagę. Nie myśl, że wystarczą stare spodnie od dresu: nie wystarczą. Jeżeli nie chcesz marznąć i ociekać potem, musisz wybrać strój, który został zaprojektowany do biegania.

Większość dostępnych legginsów jest czarna, ale pojawia się też coraz więcej innych kolorów.

KOSZULKI

Widok czerwonego na twarzy biegacza jest bardzo częsty i najczęściej oznacza, że biedak ma na sobie koszulkę z nieodpowiedniej tkaniny. Ważne jest, aby nie biegać w topach z bawełny ani innych, które nie odprowadzają wilgoci. Chodzi o proces, w którym pot zostaje odparowany z powierzchni skóry. Gdy tak się nie stanie, wilgoć pozostanie na twoim ciele, a przy spadku temperatury spowoduje znaczny dyskomfort. Dodaj do tego zimny północny wiatr i naprawdę odechce ci się biegać!

Popularne są koszulki polo i polary – chyba najgorszy wybór. Są zdecydowanie za grube i nie przepuszczają wilgoci. To potencjalne źródło problemów i należy ich unikać za wszelką cenę.

Trzymaj się zasady noszenia kilku warstw i wybieraj dobrej jakości koszulki, które znajdziesz w sklepach sportowych. O wiele lepiej jest założyć dwie koszulki przeznaczone do biegania niż jedną grubą. Kilka warstw zapewnia właściwą izolację, której nie ma pojedyncza warstwa grubej tkaniny.

KURTKI

Te same zasady odnoszą się do kurtki. Powinna być lekka i wykonana z tkaniny oddychającej. Im grubsza kurtka, tym trudniej się w niej biega. Za duża kurtka może negatywnie wpłynąć na technikę biegania. Możesz się przegrzać, a jeśli kurtka nie pozwoli odparowywać wilgoci, będzie się stawała coraz cięższa. Dodajmy do tego wsiąkający w nią deszcz i widzimy, że los biegacza w źle dobranej kurtce jest marny.

Potrzebujesz lekkiej kurtki, która ochroni cię przed wiatrem i pozwoli twojej skórze oddychać. Powinieneś ledwie czuć, że masz ją na sobie, inaczej może się wydać wygodna na początku biegu, ale pod koniec sesji treningowej nie będzie już taka.

Upewnij się, że wybierasz kurtkę z elementami odblaskowymi, żebyś był dobrze widoczny i bezpieczny.

RĘKAWICZKI

Istnieje wiele typów rękawiczek do biegania, a technologia ich wykonania zrobiła w ostatnich latach znaczne postępy. Tkaniny przeszły istną rewolucję i współczesne rękawiczki zapewniają rękom ciepło, ale nie powodują ich pocenia się. Są niezwykle lekkie, często mają jasne, fluorescencyjne kolory, dzięki którym będziesz lepiej widoczny po zmroku. Nawet czarne rękawiczki nowej generacji często są odblaskowe.

W ciężkie zimowe dni możesz mieć poczucie, że cienkie rękawiczki nie wystarczają. Wówczas wypróbuj rękawice narciarskie, które z pewnością się sprawdzą. Takie rozwiązanie powinno jednak być raczej wyjątkiem od reguły ze względu na ograniczoną funkcję przepuszczania powietrza.

CZAPKI

Nigdy nie zapominaj o czapce! Ciepło najszybciej ucieka z twojego organizmu przez głowę, a podczas zimowych biegów w połowie lutego musisz zachować tego ciepła jak najwięcej. Również w lecie czapka stanowi podstawową ochronę przed słońcem.

Tak jak wcześniej, wybór jest tu ogromny. Na zimę najlepsza będzie gruba czapka stanowiąca właściwą izolację. Specjalistyczna tkanina pozwoli, by pot z twojej głowy parował, chroniąc cię jednocześnie przed zimnem i przegrzaniem. Wypróbuj czapkę ze zwykłego materiału, a przekonasz się, o czym mówię.

Na lato wybierz lekką czapkę baseballówkę. Ochrona przed słońcem musi być jednocześnie wygodna. Za gruba czapka w upalny dzień przysporzy ci tylko kłopotów.

OKULARY PRZECIWSŁONECZNE

Wybór okularów jest bardzo duży. Bez względu na to, jakiego rodzaju, stylu czy koloru szukasz, na pewno to znajdziesz. Jednak oprócz wyglądu musisz wziąć pod uwagę kilka ważnych elementów.

- Może to się wydawać oczywiste, ale upewnij się, że okulary są wykonane z bezpiecznego szkła. Nie zawsze tak jest, więc bądź ostrożny i nie kieruj się jedynie wyglądem. Jeżeli nie są bezpieczne – zapomnij o nich.
- Upewnij się, że są wygodne. To znowu może się wydać zupełnie oczywiste, ale większość osób kieruje się przy wyborze wyłącznie trendami w modzie. Będziesz pokonywać w okularach wiele kilometrów i musisz się w nich dobrze czuć. Poskacz chwilę przy przymierzaniu, nie zadowalaj się wyłącznie spojrzeniem w lustro. Wiele modeli wydaje się wygodnych, kiedy stoisz, ale to się zmienia w czasie biegu!
- Pomyśl także o wentylacji. Niektóre rodzaje są w tej kwestii lepsze od innych, dlatego przed zakupem warto się dowiedzieć jak najwięcej o wybranym modelu.

Wskazówka
Pamiętaj, że pod koniec programu treningowego jednorazowe długie wybieganie będzie trwać około trzech godzin. Traktuj to jako sugestię przy wyborze elementów stroju; delikatnie drapiący mankiet może zamienić się w prawdziwy horror po dwóch godzinach biegu.

ZEGARKI I INNE AKCESORIA

Dosłownie co miesiąc pojawiają się coraz bardziej wyszukane gadżety, które mają niemal wszystko: od najprostszych funkcji, po najbardziej skomplikowane. Możesz wydać na nie grube pieniądze, ale bez względu na wysokość budżetu powinieneś znaleźć to, co najlepiej odpowiada twoim potrzebom.

➲ ZEGARKI BIEGOWE

Zegarki do biegania występują we wszystkich możliwych kształtach i rozmiarach i mogą mieć tyle funkcji, ile dusza zapragnie. Dla większości początkujących biegaczy wystarczy zegarek ze stoperem i podświetleniem. Musisz wiedzieć, jak długo biegasz i tyle. Możesz też mierzyć sobie czas na okrążeniu, jeżeli korzystasz na przykład z bieżni lub pętli w parku. Kolejnym udogodnieniem może być funkcja monitorowania pracy serca, dzięki której możesz sprawdzić, jak ciężko trenujesz.

➲ PULSOMETRY

Po wstępnej fazie treningu być może zechcesz zainwestować w pulsometr, który podpowie ci, z jaką intensywnością trenujesz. Trenowanie w odpowiedniej strefie tętna jest bardzo ważne, a dzięki pulsometrowi przekonasz się, czy trening przebiega prawidłowo. Większość pulsometrów łączy w sobie funkcję zegarka, stopera oraz podświetlenia, dlatego warto od razu kupić prosty model, zamiast zaczynać od zegarka, a potem dokupować pulsometr. Na przyzwoity sprzęt nie musisz wydawać więcej niż 100–130 złotych, ale jeżeli szukasz modelu z dodatkowymi funkcjami, na przykład możliwością przenoszenia danych bezpośrednio na komputer, przygotuj się na wydatek rzędu 450 złotych. Możliwe, że z niektórych dodatkowych funkcji nigdy nie skorzystasz, ale jest to idealna zabawka dla gadżetomaniaka.

➲ MONITORY PRĘDKOŚCI I DYSTANSU

Nie ma lepszego gadżetu niż monitory prędkości i dystansu. Często występują z wbudowanym zegarkiem, pulsometrem i pozwalają dokładnie zmierzyć odległość oraz prędkość na kilometr. Występują w różnych kolorach i kształtach, mogą być zakładane na rękę lub but, a do pomiarów wykorzystują GPS. Odbiornik GPS otrzymuje sygnał wysłany przez satelitę i wykorzystuje tę informację, aby ustalić, gdzie się dokładnie znajdujesz. Po dodaniu odpowiedniego oprogramowania otrzymujemy monitor prędkości i dystansu.

Monitory takie są nieocenione przy zwiększaniu intensywności treningu oraz rosnących aspiracjach biegacza. Pozwalają precyzyjnie kontrolować jakość treningu oraz z łatwością planować nowe trasy. Dzięki mapom możesz sprawdzać długość nieznanych tras bez wsiadania w samochód i testowania ich.

➲ KROKOMIERZE

Innym sposobem mierzenia dystansu jest wykorzystanie krokomierza. Znajdziesz modele bardziej lub mniej dokładne i, jak zwykle, dostaniesz to, za co płacisz. Sprzęt za 30 złotych nie da ci pewności co do tego, ile właściwie przebiegłeś, ale na takim za 130 można już polegać. W gadżetach tego typu najważniejsza jest kalibracja, więc im więcej czasu poświęcisz na ich prawidłowe ustawienie, tym bardziej możesz później wierzyć wynikom. Jeśli zależy ci na dokładności, wybierz monitor prędkości i dystansu, ale jeżeli chodzi ci tylko o ogólną wskazówkę co do przebytej odległości, krokomierz będzie zdecydowanie tańszą opcją.

➲ NAWADNIANIE I ODŻYWIANIE

Wiele razy w czasie biegu będziesz potrzebować wody lub czegoś do jedzenia, ale nie będziesz miał gdzie ich kupić. W takich sytuacjach przydadzą się specjalne paski i bidony.

Kiepskim pomysłem jest noszenie butelki z wodą w ręku, bo może to negatywnie wpłynąć na twoją postawę. Niektóre butelki mają ergonomiczny kształt lub uchwyt, ale nawet takie, kiedy są napełnione, mogą zmienić twój sposób biegania i wywołać długotrwałe problemy takie jak ból barku. To częsta przypadłość wśród biegaczy, którzy w ten sposób noszą ze sobą wodę. Nienaturalny sposób poruszania się wywołuje napięcie, które objawia się problemami z barkami, a można ich łatwo uniknąć dzięki bardziej zrelaksowanej postawie bez butelki w dłoni.

Alternatywą jest specjalnie zaprojektowany pas, za który możesz wsunąć butelkę, batonika, tubkę żelu, napój energetyczny lub cokolwiek, co uprzyjemni ci bieganie. W czasie długich biegów poprzedzających maraton taki pas będzie szczególnie przydatny, jako że rozmieszczenie butelek z wodą w strategicznych punktach wzdłuż wybranej trasy może być dosyć trudne.

➲ MUZYKA

Bieganie z muzyką nigdy nie było tak popularne, jak teraz. To w znacznej mierze efekt pojawienia się odtwarzaczy MP3, a szczególnie iPodów. Współczesne urządzenia są lekkie i nie ma już problemu z zacinaniem się dźwięku przy ulubionym utworze. Rozwój technologiczny sprawił, że słuchanie muzyki w biegu stało się niezwykle łatwe i przyjazne. Przenośne odtwarzacze płyt odeszły w niepamięć, a przed nami rozciąga się niczym nieograniczony wybór piosenek.

Wskazówka
Muzyka z szybkim beatem może błyskawicznie przyspieszyć tętno i stanowić zastrzyk energii, kiedy zaczynasz słabnąć – pomaga też zachować tempo, ponieważ starasz się biec w jej rytm.

Bez wątpienia bieganie z muzyką robi ogromną różnicę, szczególnie na dobrze znanych trasach, choć nie wszystkim taka możliwość odpowiada. Z pewnością nie jest to dobry pomysł podczas dużych imprez biegowych, jak maraton w Londynie czy Nowym Jorku, ponieważ głośny doping tłumu i innych uczestników jest jednym z najfajniejszych elementów zawodów.

Ważne jest również, żeby nie biegać z muzyką za każdym razem, tak aby jej brak nie stanowił problemu podczas startu w maratonie.

Jeśli muzyka inspiruje cię do treningu, nie ma innej opcji niż odtwarzacze MP3, które dosłownie zrewolucjonizowały rynek.

10 NAJWAŻNIEJSZYCH PUNKTÓW

1. Odpowiedni strój pomoże ci biegać lepiej, uchroni cię przed kontuzjami, zapewni bezpieczeństwo oraz dobre samopoczucie.
2. Przy wyborze stroju priorytetem jest wygoda.
3. Kobiety powinny stosować biustonosze sportowe bez względu na rozmiar biustu.
4. Najdroższe nie zawsze oznacza najlepsze, choć często jakość idzie w parze z ceną.
5. Przed kupieniem butów poproś o analizę twojego kroku biegowego.
6. Nie kupuj przeciętnych skarpet sportowych; wybierz zaprojektowane do biegania, które zaspokoją twoje indywidualne potrzeby.
7. Kilka warstw cienkiej tkaniny to najlepsze zabezpieczenie przed zimnem.
8. Szukaj ubrań wykonanych z tkanin z oznaczeniem „wicking" (pozwalające na odparowywanie potu z powierzchni skóry) oraz „breathable" (oddychające).
9. Potrzebny ci będzie zegarek lub inne urządzenie pomiarowe do monitorowania długości biegów.
10. Przygotuj się na wydatek około 500 złotych na początek.

5

Trening

W tym rozdziale dowiesz się:

- **od czego zacząć,**
- **jaka jest prawidłowa technika,**
- **jakie są założenia treningu,**
- **jak się rozciągać.**

Na początek

Odpoczynek to ważny element treningu – zachowaj rozsądek i ciesz się wolnym czasem, zasłużyłeś sobie na niego!

Jedną z najważniejszych rzeczy związanych z przygotowaniami do pierwszego maratonu jest danie sobie wystarczająco dużo czasu. Ci, którzy nie pojawiają się na starcie, często nie dali sobie odpowiednio dużo czasu, żeby się przygotować. Podejmujesz jedno z największych fizycznych wyzwań w życiu, więc twój organizm będzie potrzebował czasu, aby dostosować się do wszystkich czekających go zmian.

Większość początkujących zastanawia się, czy to w ogóle możliwe. Jak mam przejść od biegania przez kilka minut do biegu przez pięć godzin (albo nawet dłużej) w maratonie? Można to zrobić, ale potrzebny jest czas, a tego nam właśnie najczęściej brakuje.

W zależności od poziomu sprawności potrzebujesz co najmniej sześciu miesięcy na trening. W przypadku absolutnych początkujących trzeba dodać jeszcze parę miesięcy, a jeśli obecnie biegasz już kilka razy w tygodniu, możesz odjąć kilka tygodni. Chodzi o przystosowanie organizmu do wysiłku, do którego nie jest przyzwyczajony, i zminimalizowanie ryzyka kontuzji. Im więcej biegasz w tej chwili, tym mniej czasu potrzebujesz, żeby się przygotować.

Jeśli jednak spróbujesz pójść na skróty, twój organizm może się zbuntować i prawdopodobnie pojawią się kontuzje. Są to często reakcje na presję, jakiej poddajesz swoje ciało, a im mniej czasu, tym większa presja. Przygotowania rozciągnięte na wiele miesięcy dają ci dużą szansę na uniknięcie kontuzji.

Weź pod uwagę także możliwość zachorowania na grypę lub przeziębienie, co – szczególnie w zimie, kiedy odbywa się trening osób przygotowujących się do imprez wiosennych – zdarza się dosyć często. Na tym etapie brak ćwiczeń przez dwa tygodnie może znacznie obniżyć twoje szanse na sukces. Jeśli dasz sobie mnóstwo czasu na trening, takie sytuacje nie będą stanowiły problemu.

Daj sobie czas na przygotowania, a cały proces będzie o wiele przyjemniejszy.

ZANIM ZACZNIESZ

Przebiegnięcie maratonu to wyzwanie ekstremalne, a trening może doprowadzić twój organizm do granic możliwości, jeszcze zanim staniesz na linii startu. Po ukończeniu treningu będziesz odmienionym człowiekiem, gotowym, by podjąć prawdziwe wyzwanie – bieg na 42,195 km!

Musisz podejść do sprawy bardzo poważnie oraz zrozumieć wymagania, jakie postawisz i ciału, i umysłowi. Zanim zaczniesz, odwiedź lekarza, omów z nim plan treningowy – niech ci da zielone światło do dalszych działań. Osoby zaczynające trening różnią się znacznie pod względem poziomu sprawności, niektóre mają spore doświadczenie w bieganiu, inne nie biegały nigdy. Nie ryzykuj – sprawdź swój stan zdrowia.

Pytania, które może zadać ci lekarz:

- Czy masz więcej niż 30 lat oraz czy w ostatnim czasie wykonujesz ćwiczenia fizyczne?
- Jakie choroby przebyłeś?
- Czy jesteś palaczem lub niedawno rzuciłeś palenie?
- Czy przyjmujesz jakieś leki?
- Czy w przeszłości miałeś kontuzję?
- Czy masz obawy związane z czekającym cię wyzwaniem?

Odpowiadaj uczciwie!

JAK ZACZĄĆ TRENING

Odpowiedź na to pytanie jest bardzo prosta: powoli. Częstym błędem popełnianym przez nowicjuszy jest przebiegnięcie jak najdłuższego dystansu w czasie pierwszego treningu. Biegną do momentu, aż nie mogą już dalej biec, przez co czują się tak źle, że rezygnują z biegania całkowicie. To kompletnie niewłaściwe podejście. Należy biegać lub chodzić tylko w wyznaczonym czasie i tylko do momentu, kiedy ma się jeszcze trochę siły – oznacza to, że masz zakończyć sesję treningową, kiedy czujesz, że możesz jeszcze przez chwilę pobiegać. Wiele osób, które poddają się w drodze do maratonu, po prostu podejmuje zbyt duży wysiłek za wcześnie.

Wskazówka
Jeżeli nigdy wcześniej nie biegałeś, bardzo ważne jest, żeby twoje pierwsze sesje treningowe w ogóle nie były bieganiem. Mogą to być szybkie spacery lub ćwiczenia na siłowni, które zwiększą wydolność twojego serca i płuc.

Nie zaczynaj biegać przed zbudowaniem pewnej formy i rozciągnięciem nóg. Do tego wystarczy dobry kilkudniowy plan marszu. Musisz przygotować swoje nogi na wielomiesięczne bieganie.

Jeżeli biegasz już w miarę regularnie, także musisz robić postępy stopniowo. Jeśli obecnie możesz biegać maksymalnie przez 20 minut, to na kolejnej sesji powinieneś biegać przez 21 minut, a nie 31.

TECHNIKA

Istnieją różne style biegania, wiele z nich możemy często obserwować. Łatwo jest wybrać własny styl, czyli taki, który wydaje ci się najbardziej naturalny, jednak pamiętaj, że niektóre techniki biegania są prawidłowe, a inne nie.

Kluczowe elementy płynnego i wydajnego biegania opisuję poniżej.

➲ RUCH OD PIĘTY DO PALCÓW

Nigdy nie stawiaj stopy płasko na ziemi, zamiast tego dotykaj ziemi najpierw piętą, potem palcami. W ten sposób wybijasz się do kolejnego kroku. Powinieneś niemal odbijać się od jednego kroku do kolejnego, co oczywiście staje się coraz trudniejsze w miarę wydłużania dystansu.

➲ GŁOWA STABILNA I PATRZ PRZED SIEBIE, NIE W DÓŁ

W czasie biegu należy patrzeć prosto przed siebie i nie poruszać głową bez potrzeby. Oprzyj się pokusie patrzenia w dół po dłuższym biegu. Oczywiście od czasu do czasu musisz spojrzeć pod nogi, ale nie rób tego bez przerwy.

➲ REGULARNY GŁĘBOKI ODDECH

Wiele osób nie zwraca uwagi na oddech i w rezultacie biega im się źle, szczególnie pod koniec sesji biegowej. Ważne jest, żeby nie tylko wydychać powietrze, ale również wykonywać regularny głęboki wdech. Po każdych 100 metrach należy opuścić ręce i wziąć głęboki oddech przez nos. Następnie powoli wypuść powietrze ustami – wydech powinien być dwa razy dłuższy niż wdech – i podnieś ręce z powrotem do pozycji wyjściowej. W ten sposób otworzysz płuca i serce, poprawiając ich funkcjonowanie i zwiększając ilość tlenu w organizmie.

Jest to także najlepszy sposób na uniknięcie kolki lub pozbycie się jej, kiedy już się pojawi. Wiele osób uważa, że kolka jest wynikiem zbyt krótkiej przerwy pomiędzy jedzeniem a bieganiem, i nierzadko to rzeczywiście jej przyczyna, ale równie często borykają się z nią biegacze, którzy nieprawidłowo oddychają.

➲ RĘCE NISKO I LUŹNO

Jednym z błędów popełnianych przez biegaczy na wszystkich poziomach jest nieprawidłowe ułożenie rąk. Powinny być opuszczone, ugięte w łokciach i delikatnie ocierać się o talię w czasie biegu. Nie należy ich przyciągać do klatki piersiowej ani podnosić za wysoko z trzech powodów.

Po pierwsze, im wyżej będziesz trzymać ręce, tym bardziej będą bolały cię ramiona. Ból ramion i górnej części pleców jest zjawiskiem niezwykle częstym wśród biegaczy bez względu na poziom zaawansowania i w większości przypadków jest wynikiem złej techniki. Trzymaj ręce nisko, żeby zmniejszyć napięcie w ramionach i zachować naturalną pozycję. Jeśli wysoko podnosisz ręce, twoje ramiona muszą je podtrzymywać i zużywają na to cenną energię.

Po drugie, trzymając ręce z dala od klatki piersiowej, pozostawiasz sercu i płucom dużo przestrzeni i pomagasz im efektywnie pracować. Przyciskając ręce do ciała, ograniczasz działanie układu sercowo-naczyniowego i nie wykorzystujesz całego swojego potencjału.

Po trzecie, ręce opuszczone luźno po bokach ciała mogą pracować wydajniej, napędzając cię niczym tłoki samochodowe. Maksymalny zakres ruchu pozwoli ci wykorzystać cały potencjał rąk. Ma to szczególne znaczenie w biegu pod górkę, kiedy prawidłowy napęd rąk zapewnia efektywność biegu.

Wskazówka

Dziesięciosekundowa kontrola poprawności własnej techniki co mniej więcej 10 minut pomoże ci zachować odpowiednią postawę i uświadomi ewentualne błędy, które mogłyby doprowadzić do kontuzji, gdybyś je zignorował.

➲ BIEGAJ WYPROSTOWANY

Nigdy nie biegaj usztywniony, ale pilnuj też, by się nie garbić. Im więcej biegasz, szczególnie na dłuższych dystansach, tym częściej zauważasz, że po jakimś czasie zaczynasz się niemal pochylać do przodu. Musisz pilnować, by do tego nie dopuścić. Nie musisz być wyprostowany na 100 procent, ale na jakieś 90. Kiedy utrzymujesz głowę prosto i patrzysz przed siebie, w naturalny sposób przyjmujesz taką właśnie pozycję.

➲ NIE NOŚ NICZEGO W DŁONIACH

Nie trzymaj w ręku butelki z wodą, odtwarzacza, przekąski ani niczego innego! Możesz nosić pasek, do którego przyczepisz wszystko, czego potrzebujesz w czasie biegu. Trzymanie w ręku butelki pełnej wody to jedna z częstszych przyczyn słabej techniki biegania. Obciążona ręka powoduje większy nacisk na ramię i może łatwo wywołać poważny ból. Często sprawia też, że styl biegania jest nierówny, z jednym barkiem uniesionym wyżej. To z kolei przyczynia się do gorszej pracy układu sercowo-naczyniowego i złego oddychania.

ZASADY TRENINGU

Przed rozpoczęciem programu treningowego należy zrozumieć cztery reguły rządzące treningiem. Są one znane jako „zasady treningu".

➲ POSTĘP

W bieganiu na długich dystansach chodzi przede wszystkim o stopniowe robienie postępów. Powoli wydłużasz czas treningu w kolejnych tygodniach i nigdy nie doprowadzasz do sytuacji, w której czujesz się całkowicie wyczerpany. W miarę robienia postępów twoje ciało odczuwa różnicę, ale nigdy nie dochodzisz do punktu, kiedy czujesz, że już dalej nie możesz biec.

Najlepiej w każdym tygodniu wydłużać czas treningu o pięć do dziesięciu procent. Mierząc swój rzeczywisty czas biegania, a nie kilometry, możesz powoli zwiększać dystans. Z czasem zaczniesz biegać szybciej i podczas każdej sesji będziesz przebiegać większy dystans, ale na początku skup się na tym, ile faktycznie trwa twój trening, a nie na tym, ile przebiegniesz.

Postęp to absolutna podstawa twojego treningu i powód, dla którego musisz dać sobie sporo czasu. Próbując przyspieszyć trening, możesz ulec kontuzji – największemu przekleństwu biegacza. Spokojne, stałe tempo pozwoli ci wzmocnić mięśnie nóg oraz zwiększyć wydajność serca i płuc, tak by miały szansę zmierzyć się z czekającym je wyzwaniem.

➲ SPECYFIKACJA

Choć trening przekrojowy jest ważny, należy pamiętać, żeby skupić się na wybranej dyscyplinie. Inaczej mówiąc, jeżeli zdecydowałeś, że chcesz przebiec maraton, twój trening powinien składać się przede wszystkim z biegania, a nie pływania, jazdy na rowerze czy innych ćwiczeń kondycyjnych. To dlatego, że musisz odpowiednio obciążyć te części ciała, których będziesz używać w czasie biegu. Nie skupiaj się na rozwijaniu mięśni, których nie będziesz używać – skoncentruj się na tych, które będą ci potrzebne!

➲ INDYWIDUALIZACJA

Każdy z nas jest inny i każdy inaczej będzie reagować na program treningowy. Ćwiczenie razem z innymi to dobry pomysł, choć nie zawsze łatwy do zrealizowania. Dwie osoby początkujące rozpoczynające trening jednocześnie mogą robić postępy w różnym tempie i w różnym czasie pokonywać kolejne etapy treningu. Twoje dni odpoczynku nie muszą pokrywać się z dniami wolnymi twojego partnera treningowego mimo ćwiczenia według tego samego planu i zaczynania od podobnego poziomu sprawności. Niektórzy po prostu robią postępy szybciej niż inni.

➲ OBCIĄŻENIE

Często mylone z przetrenowaniem, które ma miejsce, kiedy trenujesz zbyt wiele bez odpoczynku, obciążenie stanowi ważny element zaplanowanego treningu. Obciążenie to stopniowe zwiększanie intensywności, po którym następuje odpowiedni odpoczynek i regeneracja. Długi bieg weekendowy to właśnie twoje obciążenie, które stanowi najważniejszy element treningu do maratonu. Przetrenowanie miałoby miejsce, gdybyś nie dał sobie wystarczająco dużo czasu na odpoczynek i trenował zbyt intensywnie, nie robiąc przerw.

DŁUGIE WYBIEGANIA

Twój plan treningowy w każdym tygodniu będzie się składał z trzech do sześciu sesji, w zależności od poziomu sprawności. W im lepszej jesteś formie, tym większej liczbie sesji możesz podołać. W ciągu tygodnia treningi będą do siebie dość podobne, choć z upływem czasu długość każdego z nich będzie się zwiększać. Jednak największą różnicę będziesz odczuwać w weekendy. Weekendy to czas długich biegów, czyli najważniejszej części twojego treningu.

Długie wybieganie to prawdziwy test twoich postępów. Zbyt wiele osób w ciągu tygodnia nie zwiększa dystansu i nigdy nie decyduje się na dłuższy bieg, który jest absolutnie konieczny, jeżeli masz się prawidłowo przygotować do maratonu. Wracamy tu do zasady obciążenia w treningu. Raz w tygodniu musisz wykonać trochę więcej pracy, po czym dać sobie odpowiednio dużo czasu na regenerację. Być może nie będziesz czekać na dłuższe weekendowe biegi z utęsknieniem, ale są one podstawą twojego sukcesu w dniu zawodów i jeśli nie pobiegniesz wystarczająco daleko na treningu, polegniesz w dniu maratonu! Im bliżej maratonu, tym bardziej powinieneś się skupiać na biegach weekendowych. Przygotowujesz się w ciągu tygodnia, a w sobotę lub niedzielę idziesz na całość – dasz radę biec przez dwie godziny, dwie i pół, trzy czy cztery?

Idealnie będzie, kiedy dasz radę przebiec co najmniej 32 kilometry co najmniej dwa, a najlepiej trzy tygodnie przed maratonem. W ten sposób zapewnisz sobie wystarczająco dużo czasu na odpoczynek i nabranie sił przed zawodami. Da ci to również ogromną pewność siebie. Jest ona istotną częścią pancerza, który będzie cię chronił w drugiej połowie maratonu. Kiedy będziesz już w stanie przebiec ponad 30 kilometrów lub odpowiednik czasu maratonu (jeżeli zakładasz, że przebiegniesz go w pięć godzin, powinieneś być w stanie przebiec do czterech godzin), możesz mieć pewność, że doping tłumu poprowadzi cię aż do mety.

Wskazówka
W czasie swojego treningu nie musisz przebiec dystansu maratońskiego. Tę świadomość powinieneś mieć od pierwszego dnia treningu. W swoich długich wybieganiach dąż maksymalnie do 32, a nie 42 kilometrów.

WYCISZENIE

Mniej więcej dziesięć dni przed maratonem wejdziesz w fazę tak zwanego wyciszenia. Dokładny moment zależy od tego, jak dobrze odbierasz sygnały swojego ciała. Jeśli uważnie go słuchasz, będzie to co najmniej dziesięć dni, jeśli nie, może to być równie dobrze pięć dni, a nawet krócej. Jest to czas, w którym ograniczysz biegi, będziesz się porządnie odżywiać, odprężysz się i będziesz czekać na ten wymarzony dzień! To właśnie te chwile mogą zadecydować o twoim sukcesie lub porażce.

Wiele niedoświadczonych osób trenuje ciężko aż do dnia startu, wiele próbuje też w ostatniej chwili nadrobić czas stracony z powodu kontuzji lub przeziębienia. Tymczasem etap wyciszenia organizmu jest konieczny – bez względu na to, czy trenowałeś dokładnie według planu, czy straciłeś miesiąc z powodu kontuzji kolana. Stając na linii startu, musisz być wypoczęty i świeży, nieważne, co działo się w poprzednich miesiącach.

Dla wielu osób może to być dość frustrujący okres. Jesteś w szczytowej formie biegowej i nagle musisz przestać biegać, choć może wcale tego nie chcesz. Nie słuchaj głosów w twojej głowie zachęcających do pokonania jeszcze raz długiego dystansu w tygodniu przed wyścigiem. Zignoruj takie myśli i ogranicz bieganie.

Wskazówka
W fazie wyciszenia każdy bieg powinien trwać średnio 30–40 minut, można go też zastąpić szybkim marszem, który także rozgrzeje mięśnie. Wsłuchaj się w swoje ciało i daj mu odpocząć. W dniu zawodów poddasz je ogromnemu obciążeniu, więc pozwól mu się na to przygotować.

W tym czasie możesz przygotować się do zawodów mentalnie, a także sprawdzić sprzęt i dokończyć wszystkie zadania logistyczne, które być może zaniedbałeś. Czeka cię ostatnia zbiórka pieniędzy? Teraz masz na to czas.

ISTOTA ODPOCZYNKU

Wielu biegaczy uważa odpoczynek za coś negatywnego, szczególnie osoby, które w pewnym momencie treningu nabawiają się obsesji związanej z bieganiem. Odpoczynek jest potrzebny i nie pozwól sobie wmówić, że jest inaczej. Oczywiście zbyt długie przerwy na odpoczynek też są złe i jak ze wszystkim podstawą sukcesu jest znalezienie równowagi. Na początku programu treningowego dni z odpoczynkiem jest więcej, ale liczba ta się zmniejsza w miarę, jak twoje ciało przystosowuje się do wysiłku. Czas potrzebny na odpoczynek będzie się skracał, zmniejszy się także uczucie zmęczenia.

Wskazówka
Dni odpoczynku są równie ważnym elementem treningu, jak dni biegania, ponieważ kiedy odpoczywasz, twój organizm przechodzi proces adaptacji do wysiłku i staje się silniejszy, a efekty odczujesz już podczas kolejnej sesji treningowej.

Jako początkujący z pewnością będziesz odczuwać ogromne zmęczenie, szczególnie po długich biegach weekendowych, ciągle też będzie ci się chciało spać. Robiąc postępy, zaczniesz odczuwać, że po biegu jesteś bardziej ożywiony niż zmęczony, ale upłynie sporo czasu, zanim dojdziesz do tego punktu. Bez prawidłowego odpoczynku padniesz ofiarą przetrenowania, a twoja wydajność się zmniejszy. Zaczniesz odczuwać przemęczenie w pracy, ludzie wokół zaczną cię drażnić i błyskawicznie stracisz wsparcie najbliższych. A to ostatnie jest szczególnie istotne – bez wsparcia rodziny i znajomych zaczną się problemy. Musisz mieć ich po swojej stronie, odpowiednia ilość odpoczynku na pewno ci w tym pomoże.

To kolejny powód, dla którego na przygotowania do maratonu trzeba poświęcić tak wiele miesięcy. Trzeba korzystać z każdej okazji do odpoczynku i choć w miarę zbliżania się zawodów może cię kusić, żeby zrezygnować z niektórych dni wolnych na rzecz treningu, musisz zwalczyć tę pokusę. Jak już wspomniałem, regeneracja po długim biegu – czyli zwiększonym obciążeniu – jest szczególnie ważna. Jeżeli za wcześnie zaczniesz kolejną sesję, w najlepszym wypadku doprowadzisz do przemęczenia, w najgorszym – do kontuzji. Zachowaj rozsądek i ciesz się czasem wolnym, zasłużysz sobie na niego ciężką pracą!

RODZAJE TRENINGU

Trening to nie tylko przemierzanie ulic dzień po dniu w tym samym tempie. Są też inne opcje, choć trzeba podkreślić, że mają zastosowanie przede wszystkim na dalszym etapie treningu. Na początku powinieneś próbować stopniowo wydłużać czas biegania, najlepiej na płaskich trasach. Po osiągnięciu odpowiedniego poziomu możesz zacząć wprowadzać różne rodzaje treningu. Sam zorientujesz się, kiedy ten moment nadejdzie, a jeśli trzymasz się planu treningowego, jak zalecamy, powinieneś znaleźć w nim podpowiedź, kiedy wprowadzać zmiany.

➲ TEREN O ZRÓŻNICOWANEJ WYSOKOŚCI

Większość wiodących maratonów na świecie, jak te w Londynie, Berlinie czy Chicago, odbywa się na płaskim terenie, inne – takie jak nowojorski czy bostoński – mają na swojej trasie jedno czy dwa wzniesienia, lecz w znacznej mierze również odbywają się na płaskim obszarze. Bieganie po wzniesieniach może się wydawać niepotrzebnym dodatkiem do treningu, ale jest ku temu powód. Bieg pod górkę wzmacnia nogi oraz rozwija układ sercowo-naczyniowy w stopniu nieporównywalnie większym niż trening tej samej długości po terenie bez wzniesień. Istnieją różne sposoby włączania pagórków do treningu; niektórzy po prostu wybierają trasy, na których jest ich kilka, inni natomiast wybierają jedno wzgórze, po którym biegają w górę i w dół określoną liczbę razy lub przez określony czas. Jest to ekstremalny wysiłek, ale przynosi ogromne korzyści. Taki trening nie jest wskazany dla osób początkujących, ale to dobra opcja dla tych, którzy chcą poprawić swój czas. Nie zabraniam biegania pod górkę osobom rozpoczynającym przygodę z bieganiem, jednak na początek zalecam trzymanie się płaskich tras i dodawanie wzniesień w miarę zyskiwania siły.

➲ FARTLEK (PRZEBIEŻKI)

Termin „fartlek" ma już niemal legendarny status w świecie biegania. To szwedzkie słowo oznacza „zabawę z prędkością", co również może być nie do końca zrozumiałe. Jest to raczej rodzaj treningu dla osób chcących poprawić swój czas niż przygotowujących się do maratonu po raz pierwszy, dla których czas nie ma aż takiego znaczenia. Polega on na wyznaczaniu na trasie biegu odcinków zwiększonego tempa. Na przykład, jeżeli biegasz wzdłuż szpaleru drzew lub lamp ulicznych, możesz pomiędzy nimi zmieniać prędkość biegu – szybki bieg od jednego drzewa do drugiego, lekki bieg do kolejnego i znowu szybki do następnego.

Technika ta przynosi ogromne korzyści w rozwijaniu wydolności płuc i serca, ale może się okazać zgubna, jeśli nie stosuje się jej prawidłowo. Wiele osób początkujących nabawia się kontuzji, próbując przebieżek, więc jeśli się do nich przymierzasz, posłuchaj rady kogoś, kto ma na tym polu doświadczenie.

To samo odnosi się do treningu interwałowego.

➲ TRENING INTERWAŁOWY

To kolejny rodzaj treningu dla osób chcących skrócić swój najlepszy czas o kilka sekund, niezalecany osobom przygotowującym się do udziału w pierwszej imprezie biegowej w życiu.

Stosuje się w nim – najczęściej na bieżni – powtórki biegu na określonym dystansie z mierzeniem czasu. Po przebiegnięciu okrążenia lub jego części w określonym czasie następuje chwila odpoczynku, po czym biegnie się ten sam odcinek jeszcze raz. Z upływem czasu zaczniesz dostrzegać, że na kolejnych okrążeniach biegasz coraz szybciej oraz że podczas przerw odczuwasz mniejsze zmęczenie.

Wszyscy sportowcy światowej klasy stosują trening interwałowy jako część planu treningowego, jednak robią to pod okiem specjalistów. Nie próbuj stosować poważnego treningu interwałowego bez wsparcia i trzymaj się ustalonego programu.

➲ TRENING MIESZANY

W zasadach treningu opisywanych wcześniej była mowa o specyfikacji, czyli konieczności skoncentrowania treningu na bieganiu w celu jak najlepszego przygotowania organizmu do maratonu. Jeśli w tygodniu masz cztery sesje treningowe, nie możesz trzech dni spędzać na pływaniu i jeździe na rowerze, a potem spodziewać się, że bez problemu ukończysz maraton.

Mimo to musisz wprowadzić pewne urozmaicenia do treningu, choć w ograniczonym stopniu. Trening mieszany* pozwoli ci odciążyć mięśnie nóg, pomagając ustrzec się przed kontuzją. Co ważne, pomaga również uniknąć znudzenia treningiem.

Na pewnym etapie poczujesz, że naprawdę masz ochotę odpocząć od biegania. Taki odpoczynek powinien oczywiście trwać jak najkrócej, jednak możesz wtedy zamienić sesję biegania na inny sport i nie tracić formy. Nie wyobrażaj sobie, że możesz zrobić dwa tygodnie przerwy i pojeździć w tym czasie na rowerze, bo to się nie skończy dobrze. Zachowasz kondycję, ale stracisz formę jako biegacz. Trening mieszany to doskonały sposób na zapobieganie nudzie i odpoczynek dla nóg, ale nie może to być częściej niż jedna sesja w tygodniu.

➲ TRENING SIŁOWY

Opiera się na podnoszeniu ciężarów na siłowni z użyciem hantli lub maszyn treningowych. Nie może być podstawą treningu dla początkujących, którzy powinni się skupić na budowaniu wytrzymałości koniecznej do pokonania maratonu, ale jeżeli masz ochotę i czas, by pójść raz w tygodniu na siłownię, trening siłowy może przynieść ci korzyści. Poproś instruktora o opracowanie programu uzupełniającego trening biegowy i biorącego pod

* Ang. *cross-training*; zwany również treningiem przekrojowym

uwagę pracę, jaką wykonujesz podczas biegania. Taki rodzaj treningu pozwoli ci trenować całe ciało i wypracować mięśnie, których nie rozwijasz w trakcie biegania. Pomoże ci również wzmacniać mięśnie tułowia ważne w zapobieganiu kontuzjom.

ROZGRZEWKA I USPOKOJENIE ORGANIZMU

Przed rozpoczęciem biegania należy poświęcić kilka minut na rozgrzewkę. Może to być szybki marsz lub trucht. Zadaniem rozgrzewki jest podniesienie tętna i doprowadzenie większej ilości krwi do mięśni. W ten sposób przygotowujesz się do głównego ćwiczenia.

Następnie warto wykonać kilka ćwiczeń zwiększających ruchliwość. Może to być delikatne rozciąganie, które pomaga rozgrzać i nawilżyć stawy.

Po zakończeniu biegania nie wystarczy stanąć, wziąć prysznic i się przebrać. Zanim wejdziesz pod prysznic, musisz powoli uspokoić organizm i obniżyć tętno do normalnego poziomu. W czasie wysiłku twoje ciało wytwarza spore ilości szkodliwych produktów ubocznych, których pozbywa się znacznie szybciej, jeżeli w odpowiedni sposób uspokoisz mięśnie. Brak uspokojenia oznacza dłuższy okres regeneracji na skutek zalegania tych produktów w organizmie.

Po uspokojeniu mięśni pora na najczęściej zaniedbywany element, czyli ćwiczenia rozciągające.

ROZCIĄGANIE

Zapytaj dowolną osobę trenującą bieganie o to, czy po bieganiu należy się rozciągać, a odpowiedź na pewno będzie twierdząca. Zapytaj ją, czy sama się rozciąga, a pewnie powie ci, że „czasem tak, ale nie zawsze".

Głównym powodem jest to, że po biegu większość z nas marzy tylko o tym, żeby wziąć prysznic i przebrać się. Nikt nie ma ochoty poświęcać dodatkowego czasu na uspokojenie i rozciąganie. Szczególnie w zimowe wieczory myśl o gorącej kąpieli wydaje się niezwykle kusząca.

➲ DLACZEGO MASZ SIĘ ROZCIĄGAĆ – I JAK?

Rozciąganie naprawdę może pomóc uniknąć kontuzji, poprawia ruchliwość stawów oraz znacznie zwiększa zakres ruchów, ale źle wykonywane może również wywołać szkody. Istnieją poprawne i niepoprawne sposoby rozciągania się.

Nie rozciągaj się, jeśli nie jesteś rozgrzany. Najpierw rozgrzej mięśnie i zapewnij im odpowiedni dopływ krwi. W przeciwnym razie pojawia się poważne ryzyko kontuzji. Mięśnie powinny być także rozluźnione. Napięte zmniejszą efektywność rozciągania. Rozciągaj się spokojnie. Nie wykonuj nagłych ruchów i nie dociskaj na siłę przyjętej pozycji – to częsty błąd wskazujący na brak doświadczenia. Po kilku sekundach spróbuj pogłębić skłon, przez cały czas zachowując swój normalny rytm oddychania. Nie wstrzymuj oddechu!

Wskazówka
Aby uzyskać najlepsze rezultaty, w każdej pozycji rozciągania wytrzymaj co najmniej przez 30 sekund. Inaczej efekty rozciągania będą znikome.

➲ RÓŻNE RODZAJE ROZCIĄGANIA

Istnieje wiele pozycji rozciągania, niektóre z nich są ważne dla biegaczy, inne nie. Zamieszczam tu kilka najważniejszych ćwiczeń rozciągających z rysunkami, dzięki którym zobaczysz, jak je wykonywać. Nie dotyczą wyłącznie mięśni nóg, ale całego ciała. Elastyczność najważniejszych grup mięśni pomoże ci osiągnąć najlepsze efekty w bieganiu.

Ścięgna podkolanowe (uda – tył)

Połóż się na plecach i przyciągnij jedno kolano do siebie. Przytrzymaj nogę obiema rękami – jedną ułóż powyżej, drugą poniżej stawu kolanowego. Przyciągnij nogę do klatki piersiowej i powoli prostuj nogę. To samo ćwiczenie wykonaj drugą nogą.

Rys. 5.1. Rozciąganie ścięgien podkolanowych.

Mięśnie czworogłowe (uda – przód)

Stań na jednej nodze, drugą nogę przyciągnij do pośladka, trzymając ją za wierzch stopy. Upewnij się, że noga, na której stoisz, jest lekko ugięta. Trzymaj kolana razem i zachowaj wyprostowaną sylwetkę. To samo ćwiczenie wykonaj drugą nogą.

Rys. 5.2. Rozciąganie mięśnia czworogłowego.

Łydki (dolna część nogi – tył)

Oprzyj się przodem o ścianę i przenieś ciężar na nogę z tyłu. Wyprostuj ją i pochyl się do ściany. To samo ćwiczenie wykonaj drugą nogą.

Rys. 5.3. Rozciąganie łydki.

Mięśnie pośladkowe

Połóż się na ziemi na plecach, ugnij nogi w kolanach i oprzyj prawą kostkę o udo lewej nogi. Chwyć prawą nogę z tyłu za udo i przyciągnij do siebie. To samo ćwiczenie wykonaj drugą nogą.

Rys. 5.4. Rozciąganie pośladków.

Zginacze stawu biodrowego (miednica – przód)

Uklęknij na poduszce. Chwyć jedną stopę i przyciągnij ją do pośladków, jednocześnie wypychając biodra w przód i do góry. To samo ćwiczenie wykonaj drugą nogą.

Rys. 5.5. Rozciąganie stawu biodrowego.

Rys. 5.6. Rozciąganie mięśni przywodzicieli.

Przywodziciele uda (wewnętrzna górna część nóg)

Usiądź na podłodze, plecy oprzyj o ścianę, dociśnij pośladki do ściany. Złącz stopy spodnią stroną. Powoli naciskaj na kolana, aż poczujesz napięcie. Cały czas utrzymuj proste plecy.

Plecy

Uklęknij na podłodze i opuść podbródek na klatkę piersiową. Pochyl ramiona do przodu i wygnij plecy w łuk.

Rys. 5.7. Rozciąganie pleców.

Rys. 5.8. Rozciąganie klatki piersiowej.

Klatka piersiowa

Usiądź na podłodze i wyciągnij ręce za siebie. Powoli pochylaj się w przód, szyja wyprostowana. Żeby pogłębić skłon, wypchnij klatkę piersiową w przód.

Ramiona

Wyciągnij rękę przed siebie, zegnij ją w łokciu i ułóż dłoń na przeciwnym braku. Przytrzymując zgięty łokieć drugą ręką, delikatnie przyciskaj zgiętą rękę do siebie. To samo ćwiczenie powtórz drugą ręką.

Rys. 5.9. Rozciąganie ramion.

DLACZEGO TRZEBA BRAĆ UDZIAŁ W ZAWODACH

Bieganie w pojedynkę lub z kilkoma osobami podczas treningu zdecydowanie różni się od biegania wśród tysięcy ludzi podczas zawodów. To może się wydawać całkowicie oczywiste, ale mimo to wielu biegaczy pojawiających się na linii startu w dniu maratonu przytłacza panująca tam atmosfera. Choć klimat największych maratonów jest niepowtarzalny, możesz spróbować się do tego przygotować.

Największe maratony, takie jak londyński, stanowią ukoronowanie imprez biegowych w danej części świata. Każdego roku organizuje się biegi na 10 km i półmaratony, w których biorą udział osoby przygotowujące się do tego największego wydarzenia. Ważne jest, abyś i ty wykorzystał takie spotkania i przyzwyczaił się do biegania w tłumie. Możesz się dzięki nim przygotować na przedstartowe napięcie, poruszanie w obszarze linii startu, bieganie wśród tysięcy innych osób oraz ekscytację na finiszu.

Nic nie przygotuje cię na uczucia, które towarzyszą przybyciu na linię startu w maratonie. Jednak udział w mniejszych imprezach pomoże ci uniknąć zmieszania w pierwszych chwilach tego największego wydarzenia, dlatego przyda się trochę praktyki!

BIEGANIE W TOWARZYSTWIE

Udział w maratonie wiąże się z wieloma godzinami treningu, w czasie których wiele osób odczuwa samotność. Oczywiście można na tę kwestię spojrzeć na dwa sposoby.

Dla niektórych jest to okazja, by pobyć ze sobą. Przy intensywnym trybie życia znalezienie czasu dla siebie bywa trudne, a bieganie może ci go zapewnić. Praca, problemy osobiste czy cokolwiek innego – biegając, masz czas wszystko przemyśleć, a pod koniec biegu często okazuje się, że właśnie rozwiązałeś problem, którym inaczej nie miałbyś czasu się zająć.

Jednak niektórzy po prostu nie lubią biegać w samotności i zawsze szukają towarzystwa. Biegając z innymi, masz wrażenie, że czas szybciej płynie, dlatego wiele osób decyduje się na takie rozwiązanie. Może to być również dla ciebie dodatkowa motywacja. To, że jesteś z kimś umówiony na bieganie, może zadecydować o tym, czy w ogóle wyjdziesz z domu. Łatwo sobie powiedzieć, że dziś ci się nie chce, i przełożyć sesję na jutro, ale o wiele trudniej jest to zrobić, kiedy ktoś na ciebie czeka. Bieganie z innymi może pozytywnie wpłynąć na twoje wyniki, choć bywa też, że efekt jest zupełnie odwrotny. Najlepiej jest biegać z kimś odrobinę szybszym od siebie – nie za dużo – bo wówczas szybko robimy postępy. Biegając z osobą wolniejszą, możesz wolniej robić postępy, bo nie będziesz w pełni wykorzystywać swoich możliwości.

Dobrze jest mieszać bieganie z partnerem z bieganiem w pojedynkę. Kiedy biegasz sam, masz czas przemyśleć swoje sprawy i wypracować własne tempo, ale dobrze jest również porozmawiać z kimś w trasie i spędzić czas w miłym towarzystwie. Bieganie nie musi być samotnym sportem – ale daje ci wybór, jak niewiele dyscyplin. Wybierz to, co ci najbardziej pasuje.

KLUBY BIEGACZA

Ta sama zasada dotyczy przystępowania do klubów biegowych. Jeśli wolisz biegać sam, taki klub nie jest najlepszym pomysłem. Jednak nawet osobom lubiącym biegać w pojedynkę klub może zaoferować obiekty treningowe oraz kontakt z doświadczonymi biegaczami, którzy służą radą i pomocą. Są to również idealne miejsca, żeby spotkać ludzi o podobnych zainteresowaniach i wzbogacić swoje życie towarzyskie. Spotkania klubowe i wspólne wyjazdy na imprezy biegowe są stałym punktem w kalendarzu wielu biegaczy.

Jeśli już zdecydujesz się przystąpić do klubu, ważne jest, żebyś wykazał zaangażowanie. Nie wystarczy kupić koszulki z logo i pokazywać się na imprezach. Jedną z zalet członkostwa w klubie biegowym są niższe opłaty za uczestnictwo w zawodach i wiele osób zapisuje się do klubów z tego właśnie powodu. Jednak jeśli zaangażujesz się w działalność klubu, dostaniesz w zamian o wiele więcej.

PROWADZENIE DZIENNIKA

Przygotowując się do pierwszego w twoim życiu maratonu, przebiegniesz setki kilometrów. Notowanie pokonanych odległości może stanowić ogromną motywację, przede wszystkim pokazując ci, jakie postępy robisz w kolejnych tygodniach i miesiącach.

Istnieje wiele sposobów na prowadzenie dziennika: można znaleźć specjalne programy komputerowe pozwalające wpisywać przebyty dystans, czas, warunki pogodowe, a także swój komentarz do biegu; możesz też wybrać prosty dziennik prowadzony na papierze. Ostatnio coraz popularniejsze stają się dzienniki internetowe, czyli blogi.

Blogi są interaktywne, pozwalają więc innym osobom na pozostawianie komentarzy, które mogą cię mocno dopingować w trudniejszych chwilach. Twój blog to twoja własna strona internetowa i sam możesz kontrolować, co się na nim znajdzie. Mówiąc krótko, jeśli nie życzysz sobie komentarzy na blogu, nie musi ich tam być. W zależności od tego, jak często masz ochotę pisać blog, możesz utrwalać szczegóły swojego treningu codziennie, raz w tygodniu lub co miesiąc. Opisuj swoje postępy i wszystko to, co chcesz zapisać. Poziom wsparcia innych osób będzie zależał od twojego stylu i aktywności na blogach innych. Zanim się obejrzysz, możesz znaleźć się w centrum sporej społeczności, która być może odegra ważną rolę w motywowaniu cię na dalszym etapie treningu.

Na www.realbuzz.com znajdziesz setki anglojęzycznych blogów, na których możesz podejrzeć, jak robią to inni.

10 NAJWAŻNIEJSZYCH PUNKTÓW

1. Nie szukaj drogi na skróty – właściwe przygotowanie zmniejszy ryzyko kontuzji.
2. Jeżeli jesteś osobą całkowicie początkującą, zacznij od marszu lub ćwiczeń wprowadzających na siłowni.
3. W trakcie przygotowań do maratonu nie ma potrzeby przebiegnięcia dystansu 42,195 km.
4. Długie wybiegania weekendowe to najważniejszy element twojego treningu.
5. W każdej sesji treningowej muszą się znaleźć rozgrzewka, uspokojenie organizmu oraz rozciąganie.
6. Istnieją różne rodzaje treningu: pod górkę, fartlek, interwałowy, mieszany i siłowy. Z wielu z nich zaczniesz korzystać na późniejszych etapach treningu.
7. Należy wziąć udział w co najmniej jednej imprezie biegowej przed przystąpieniem do maratonu, żeby oswoić się z atmosferą zawodów.
8. Już na początku zacznij prowadzić dziennik treningu lub blog.
9. Najlepszy trening łączy bieganie w pojedynkę z bieganiem w towarzystwie.
10. Trening musi się zakończyć okresem wyciszenia, żebyś odpoczął i nabrał sił przed zawodami.

6

Twój plan treningowy

W tym rozdziale dowiesz się:

- **dlaczego należy zmieniać tempo biegania,**
- **dlaczego trzeba zaczynać powoli,**
- **dlaczego tak ważne są długie wybiegania,**
- **dlaczego trzeba regularnie odpoczywać.**

Na początek
Plan treningowy to twój przewodnik po treningu. Możesz dostosować go do swoich potrzeb, ale trzymaj się podstawowych zasad.

Trenowanie do pierwszego maratonu bez planu treningowego to fatalny pomysł. Przydadzą ci się wskazówki od tych, którzy mają już takie doświadczenie za sobą i potrafią zadbać o to, by twoje wspomnienia z maratonu były pozytywne. Plan treningowy zakłada odpowiednią ilość wysiłku zarówno na każdy tydzień, jak i dzień. Na początku będzie to stosunkowo niewiele, z upływem czasu zaczniesz biegać coraz więcej. W każdym tygodniu wydłuża się też czas trwania długiego wybiegu weekendowego, choć i tu, jak w każdym aspekcie treningu, pojawią się okresy utrwalania. W planie znajdą się również dni przeznaczone na odpoczynek i przestrzeganie ich jest tak samo ważne, jak rzetelne trenowanie w dniach wyznaczonych na bieganie.

Plan jest twoim przewodnikiem, jednak nie powinieneś się zamartwiać, jeżeli nie uda ci się za nim podążać absolutnie we wszystkich szczegółach. Najważniejsze są główne zasady, czyli stopniowe robienie postępów, regularne długie wybiegania i odpoczynek.

Poniżej znajdziesz plan treningowy dla osoby początkującej ze strony www.realbuzz.com*, z którego skorzystały już tysiące biegaczy. Został stworzony z myślą o tych, którzy chcieliby przebiec maraton w cztery i pół do pięciu i pół godziny. Zakłada, że już teraz jesteś w stanie biec przez 15 minut bez przerwy. Jeżeli nie jesteś w stanie biec tak długo, na początku znajdziesz sześciotygodniowy plan wprowadzający, który powinieneś ukończyć przed przystąpieniem do właściwego planu treningowego. Łącznie z planem przygotowującym znajdziesz tu plan na 30 tygodni.

PRZEWODNIK PO TEMPIE BIEGANIA

Skorzystaj z poniższych wskazówek, żeby zrozumieć oznaczenia tempa poszczególnych biegów zamieszczone w planie treningowym.

Tempo treningu	**Wskaźnik intensywności** 1 = bardzo łatwy 10 = bardzo trudny	**Opis**
Superwolne	2	Bardzo, bardzo wolno!
Wolniejszy trucht	3	Spokojne, zrelaksowane tempo
Trucht	4	Odrobinę szybciej, choć nadal spokojnie
Spokojne	5	Szybciej niż truchtem, ale bez przemęczania się
Miarowe	6	Równe tempo, możesz poczuć, że robi się trudniej
Żwawe	7	Jeszcze nie sprint, ale to powinno być dla ciebie wyzwanie!

* Plany treningowe znajdziesz też na bieganie.pl.

SZEŚCIOTYGODNIOWY PLAN WPROWADZAJĄCY

➲ TYDZIEŃ 1

Dzień	Trening	Uwagi
Pon.	3 min superwolno	Część dystansu możesz pokonać marszem, jeśli nie dasz rady biec.
Wt.	odpoczynek	
Śr.	3 min superwolno	Część dystansu możesz pokonać marszem, jeśli nie dasz rady biec.
Czw.	odpoczynek	
Pt.	4 min superwolno	Część dystansu możesz pokonać marszem, jeśli nie dasz rady biec.
Sob.	odpoczynek	
Niedz.	odpoczynek	

➲ TYDZIEŃ 2

Dzień	Trening	Uwagi
Pon.	5 min wolno	Część dystansu możesz pokonać marszem, jeśli nie dasz rady biec.
Wt.	odpoczynek	
Śr.	6 min wolno	Część dystansu możesz pokonać marszem, jeśli nie dasz rady biec.
Czw.	odpoczynek	
Pt.	6 min wolno	Część dystansu możesz pokonać marszem, jeśli nie dasz rady biec.
Sob.	odpoczynek	
Niedz.	odpoczynek	

➲ TYDZIEŃ 3

Dzień	Trening	Uwagi
Pon.	7 min wolno	Postaraj się ograniczyć marsz do minimum.
Wt.	odpoczynek	
Śr.	8 min wolno	Postaraj się ograniczyć marsz do minimum.
Czw.	odpoczynek	
Pt.	8 min wolno	Postaraj się ograniczyć marsz do minimum.
Sob.	odpoczynek	
Niedz.	odpoczynek	

➲ TYDZIEŃ 4

Dzień	Trening	Uwagi
Pon.	7 min truchtem	Pamiętaj o spokojnym, głębokim oddechu oraz odprężeniu.
Wt.	odpoczynek	
Śr.	8 min truchtem	
Czw.	odpoczynek	
Pt.	8 min truchtem	
Sob.	odpoczynek	
Niedz.	9 min truchtem	

➲ TYDZIEŃ 5

Dzień	Trening	Uwagi
Pon.	7 min spokojnie	Pamiętaj o spokojnym, głębokim oddechu oraz odprężeniu.
Wt.	odpoczynek	
Śr.	8 min truchtem	
Czw.	odpoczynek	
Pt.	8 min spokojnie	
Sob.	odpoczynek	
Niedz.	odpoczynek	

➲ TYDZIEŃ 6

Dzień	Trening	Uwagi
Pon.	10 min truchtem	Pamiętaj o spokojnym, głębokim oddechu oraz odprężeniu.
Wt.	odpoczynek	
Śr.	11 min truchtem	
Czw.	odpoczynek	
Pt.	11 min truchtem	
Sob.	odpoczynek	
Niedz.	12 min truchtem	

GŁÓWNY PLAN TRENINGOWY

➲ TYDZIEŃ 1

Dzień	Trening	Uwagi
Pon.	15 min wolno	Jeśli potrzebujesz, zrób przerwę na marsz.
Wt.	odpoczynek	
Śr.	15 min wolno	Jeśli potrzebujesz, zrób przerwę na marsz.
Czw.	odpoczynek	
Pt.	15-20 min wolno	Jeśli potrzebujesz, zrób przerwę na marsz.
Sob.	odpoczynek	
Niedz.	10 min wolno	Jeśli potrzebujesz, zrób przerwę na marsz.

➲ TYDZIEŃ 2

Dzień	Trening	Uwagi
Pon.	odpoczynek	
Wt.	15 min wolno	
Śr.	odpoczynek	
Czw.	20 min wolno	
Pt.	odpoczynek	
Sob.	odpoczynek	
Niedz.	25 min wolno	Jeśli potrzebujesz, zrób przerwę na marsz.

➲ TYDZIEŃ 3

Dzień	Trening	Uwagi
Pon.	odpoczynek	
Wt.	25 min wolno	
Śr.	odpoczynek	
Czw.	30 min wolno	
Pt.	odpoczynek	
Sob.	odpoczynek	
Niedz.	35 min wolno	Spróbuj biec bez przerwy.

➲ TYDZIEŃ 4

Dzień	Trening	Uwagi
Pon.	10–15 min superwolno	
Wt.	25 min miarowo	
Śr.	odpoczynek	
Czw.	15 min miarowo	
Pt.	odpoczynek	
Sob.	odpoczynek	
Niedz.	35 min wolno	Tak jak w ostatnią niedzielę, ale postaraj się pokonać większy dystans.

➲ TYDZIEŃ 5

Dzień	Trening	Uwagi
Pon.	10–15 min superwolno	
Wt.	odpoczynek	
Śr.	25–30 min miarowo	
Czw.	odpoczynek	
Pt.	25 min miarowo	
Sob.	odpoczynek	
Niedz.	40 min trucht/marsz	Spróbuj przebiec jak najwięcej, w razie potrzeby przejdź do marszu.

➲ TYDZIEŃ 6

Dzień	Trening	Uwagi
Pon.	20 min wolno/regeneracja	
Wt.	25 min miarowo	
Śr.	odpoczynek	
Czw.	35 min miarowo	
Pt.	odpoczynek	
Sob.	odpoczynek	
Niedz.	40 min truchtem	Spróbuj pobiec bez zatrzymywania się.

➲ TYDZIEŃ 7

Dzień	Trening	Uwagi
Pon.	20 min wolno/regeneracja	
Wt.	25 min miarowo	
Śr.	odpoczynek	
Czw.	35–40 min miarowo	
Pt.	odpoczynek	
Sob.	10 min superwolno	
Niedz.	50 min wolno	Jeśli potrzebujesz, rób przerwy na marsz.

➲ TYDZIEŃ 8

Udział w pierwszej imprezie – 10 kilometrów.

Dzień	Trening	Uwagi
Pon.	odpoczynek	
Wt.	25–30 min miarowo	
Śr.	odpoczynek	
Czw.	25–30 min miarowo	
Pt.	odpoczynek	
Sob.	10 min superwolno	
Niedz.	zawody na 10 kilometrów	Nie forsuj się tuż po starcie. Baw się dobrze!

➲ TYDZIEŃ 9

Dzień	Trening	Uwagi
Pon.	15 min truchtem	
Wt.	40 min miarowo	
Śr.	odpoczynek	
Czw.	35–40 min miarowo	
Pt.	odpoczynek	
Sob.	15 min superwolno	
Niedz.	60–75 min superwolno	Jeśli potrzebujesz, rób przerwy na marsz.

➲ TYDZIEŃ 10

Dzień	Trening	Uwagi
Pon.	odpoczynek	
Wt.	40 min miarowo	
Śr.	odpoczynek	
Czw.	50 min spokojnie	
Pt.	odpoczynek	
Sob.	15 min superwolno	
Niedz.	75 min spokojnie	Jeśli potrzebujesz, rób przerwy na marsz, ale rzadziej niż tydzień temu.

➲ TYDZIEŃ 11

Dzień	Trening	Uwagi
Pon.	20 min wolno/regeneracja	
Wt.	40 min miarowo	
Śr.	odpoczynek	
Czw.	50 min wolno	
Pt.	odpoczynek	
Sob.	odpoczynek	
Niedz.	80–90 min truchtem	Rób regularne przerwy na marsz.

➲ TYDZIEŃ 12

Dzień	Trening	Uwagi
Pon.	20 min wolno/regeneracja	
Wt.	40 min miarowo	
Śr.	odpoczynek	
Czw.	odpoczynek	
Pt.	40 min miarowo	
Sob.	odpoczynek	
Niedz.	90–100 min superwolno	Rób regularne przerwy na marsz. Zacznij zabierać ze sobą wodę.

➲ TYDZIEŃ 13

Dzień	Trening	Uwagi
Pon.	odpoczynek	
Wt.	50 min miarowo	
Śr.	odpoczynek	
Czw.	40 min miarowo	
Pt.	20 min miarowo	
Sob.	odpoczynek	
Niedz.	100–110 min miarowo	Spróbuj ograniczyć przerwy na marsz.

➲ TYDZIEŃ 14

Dzień	Trening	Uwagi
Pon.	odpoczynek	
Wt.	20 min miarowo	
Śr.	65 min wolno	
Czw.	odpoczynek	
Pt.	40 min wolno	
Sob.	odpoczynek	
Niedz.	120 min superwolno	Bardzo powoli i popijaj wodę.

➲ TYDZIEŃ 15

Udział w drugiej imprezie – półmaraton.

Dzień	Trening	Uwagi
Pon.	odpoczynek	
Wt.	30–35 min miarowo	
Śr.	30 min miarowo	
Czw.	odpoczynek	
Pt.	odpoczynek	
Sob.	10 min truchtem	
Niedz.	półmaraton	Tylko żeby się rozgrzać. To twój bieg treningowy, a nie wyścig!

➲ TYDZIEŃ 16

Dzień	Trening	Uwagi
Pon.	10–20 min wolno/regeneracja	
Wt.	odpoczynek	
Śr.	30 min miarowo	
Czw.	60 min szybko	
Pt.	odpoczynek	
Sob.	30 min truchtem	
Niedz.	120 min spokojnie	

➲ TYDZIEŃ 17

Dzień	Trening	Uwagi
Pon.	30 min wolno	
Wt.	odpoczynek	
Śr.	60 min szybko	
Czw.	odpoczynek	
Pt.	40 min miarowo	
Sob.	odpoczynek	
Niedz.	130–140 min bardzo spokojnie	Spróbuj wydłużyć dystans z zeszłego czwartku. Naprawdę spokojnie.

➲ TYDZIEŃ 18

Dzień	Trening	Uwagi
Pon.	odpoczynek	
Wt.	40 min miarowo	
Śr.	odpoczynek	
Czw.	75 min spokojnie	
Pt.	20 min truchtem	
Sob.	odpoczynek	
Niedz.	140–150 min bardzo spokojnie	Naprawdę spokojnie.

TYDZIEŃ 19

Dzień	Trening	Uwagi
Pon.	10–20 min truchtem/regeneracja	
Wt.	40 min miarowo	
Śr.	odpoczynek	
Czw.	75 min spokojnie	
Pt.	odpoczynek	
Sob.	30 min wolno	
Niedz.	150–160 min spokojnie	Nie zaczynaj za szybko.

TYDZIEŃ 20

Dzień	Trening	Uwagi
Pon.	30 min wolno	
Wt.	odpoczynek	
Śr.	50 min szybko	
Czw.	odpoczynek	
Pt.	50 min wolno	
Sob.	odpoczynek	
Niedz.	180 min wolno	Nie zaczynaj za szybko.

TYDZIEŃ 21

Tydzień największego wysiłku!

Dzień	Trening	Uwagi
Pon.	20 min truchtem/regeneracja	
Wt.	40 min szybko	
Śr.	odpoczynek	
Czw.	60 min miarowo	
Pt.	odpoczynek	
Sob.	odpoczynek	
Niedz.	200 min wolno	Twoje ostatnie długie wybieganie.

➲ TYDZIEŃ 22

Wyciszenie.

Dzień	Trening	Uwagi
Pon.	20 min wolniejszym truchtem lub odpoczynek	
Wt.	30 min szybko	
Śr.	odpoczynek	
Czw.	50 min miarowo	
Pt.	odpoczynek	
Sob.	odpoczynek	
Niedz.	120 min miarowo	

➲ TYDZIEŃ 23

Wyciszenie.

Dzień	Trening	Uwagi
Pon.	20 min wolno	
Wt.	odpoczynek	
Śr.	40 min wolno	
Czw.	odpoczynek	
Pt.	odpoczynek	
Sob.	10 min truchtem	
Niedz.	70 min w stroju, w którym wystartujesz	

➲ TYDZIEŃ 24

Maraton!

Dzień	Trening	Uwagi
Pon.	30 min truchtem	
Wt.	odpoczynek	
Śr.	20 min truchtem	
Czw.	odpoczynek	
Pt.	odpoczynek	
Sob.	10 min bardzo wolnym truchtem	
Niedz.	maraton	

7

Zalety chodzenia na siłownię

W tym rozdziale dowiesz się:

- **jak stosować trening mieszany,**
- **jakie masz rozwiązania na zimę,**
- **że są siłownie z własnymi klubami biegacza.**

Na początek

Nie bój się iść na siłownię. Większość ludzi będzie na tym samym poziomie co ty, a wszyscy skupiają się na własnych celach. Nie martw się tym, co inni sobie pomyślą.

Słowo „siłownia" napawa cię lękiem? Niepotrzebnie. Jeśli już teraz regularnie chodzisz na siłownię, to jesteś kilka kroków do przodu na trasie do maratonu.

Ćwiczenie na siłowni to z wielu powodów ważna część przygotowań do maratonu. Związane z tym twoje wyobrażenia mogą się mijać z rzeczywistością, więc odrzuć stereotypy i zrób ważny krok do startu w maratonie. Zwykle siłownie nie są wypełnione kulturystami, a jeśli masz wrażenie, że w położonej najbliżej ciebie tak właśnie jest, to nie jest to miejsce dla ciebie. Potrzebna ci siłownia ze zróżnicowanym sprzętem treningowym: elektryczną bieżnią, ergometrem, rowerem stacjonarnym, stepperem i innym sprzętem cardio. Unikaj takich, w których największą przestrzeń zajmują hantle i pompujące na nich nasterydowane monstra, których celem jest wycisnąć więcej niż kolega obok. Jeżeli tak wygląda twoja siłownia, poszukaj czegoś innego. Większość nowoczesnych siłowni celuje w zupełnie innych klientów – dokładnie takich jak ty, czyli nastawionych na poprawę ogólnej sprawności, również osoby biegające.

Zazwyczaj na siłowni spotkasz nie kulturystów, ale zwykłych ludzi, dla których priorytetem jest utrata wagi i z których znaczna część zapisała się tuż po Nowym Roku, żeby pozbyć się dodatkowych kilogramów zgromadzonych podczas zimowych miesięcy, kiedy ćwiczenie bywa niezwykle trudne. Siłownie pełne są ludzi pracujących nad indywidualnym celem, choć często cele te są do siebie podobne. Niektórzy ćwiczą w ściśle zaplanowanym systemie, inni wydaje się, że przychodzą głównie na pogawędkę. Przez pierwszych kilka dni atmosfera może cię nieco onieśmielać, ale szybko się zadomowisz i będzie to dla ciebie naturalny sposób spędzania wolnych chwil. Daj sobie trochę czasu.

Potrzebujesz czasu, żeby poczuć się na siłowni swobodnie, lecz co ważniejsze, także żeby ćwiczenia przyniosły efekty. Wiele osób zaczyna ćwiczyć na siłowni, spodziewając się cudów po kilku tygodniach. Jeżeli żaden cud się nie zdarzy – a na pewno się nie zdarzy – pojawia się pokusa, żeby zrezygnować. Większość nie zdaje sobie sprawy, że w ich organizmach zachodzą zmiany, ale często ukryte są pod warstwą tłuszczu, który w końcu spalą. Dopiero wtedy efekty ciężkiej pracy staną się widoczne. Dla wielu osób ten etap nigdy nadchodzi, bo brakuje im cierpliwości. Zapisując się na siłownię, czy to dla urozmaicenia treningu, czy dla zwiększenia wytrzymałości mięśni, utraty wagi lub by po prostu pobiegać na bieżni, musisz dać sobie czas, żeby zobaczyć efekty.

Wskazówka
W pierwszych dniach treningu na siłowni skorzystaj z pomocy wykwalifikowanego instruktora. Powiedz mu o swoich planach związanych z maratonem; instruktor zaproponuje ci program treningowy opracowany pod kątem twoich potrzeb biegowych.

Nie obawiaj się również kosztów związanych z chodzeniem na siłownię. Nie musisz od razu kupować karnetu, możesz po prostu płacić za każdą wizytę. Jeśli zdecydujesz się na karnet, nie oznacza to wydawania fortuny. Rynek siłowni jest dziś mocno konkurencyjny i każdy może znaleźć coś dla siebie. Niektóre siłownie oferują zniżki pozaszczytowe, na przykład w porze lunchu, co może być doskonałym rozwiązaniem również na uniknięcie popołudniowego ścisku. Nowoczesne siłownie oferują różne formy zniżek i doskonałą jakość obsługi. Nie musisz płacić standardowej ceny z cennika; ale jeśli nie zapytasz o zniżkę, to pewnie jej nie dostaniesz.

Wskazówka

Rozejrzyj się – siłownie próbują przyciągać nowych klientów, więc dowiedz się, jakie są aktualne promocje. W typowej ofercie znajdują się darmowe wejścia próbne, któreś z kolei wejście gratis, tańsze karnety na okres próbny (na przykład sześciotygodniowa oferta wakacyjna) oraz zniżki dla firm i różnych organizacji.

Po co więc osoba trenująca bieganie, a szczególnie przygotowująca się do maratonu miałaby chodzić na siłownię? Powodów jest mnóstwo – niektóre są zupełnie oczywiste, inne mniej.

PODSTAWA TRENINGU MIESZANEGO

Wspomniałem już w rozdziale o treningu, że trening mieszany stanowi istotny element programu treningowego współczesnego maratończyka. Tradycjonaliści patrzą na niego z niechęcią, jednak trening taki doprowadził do powstania nowej kategorii biegaczy – wprowadzających na nowo fitness do swojego stylu życia.

Trening mieszany można stosować poza siłownią, jako że większość ludzi dysponuje rowerem, domowym sprzętem treningowym lub mieszka w pobliżu basenu, ale możliwość skorzystania z siłowni ułatwia sprawę. Standardowa siłownia oferuje sprzęt oraz atmosferę, dzięki którym taki trening jest łatwiejszy i przyjemniejszy niż ćwiczenie w domu lub jazda na rowerze w zimowe wieczory.

Co ważne, trening mieszany przynosi najlepsze efekty, jeśli przechodzisz szybko od jednego ćwiczenia do drugiego, utrzymując tętno cały czas na odpowiednim poziomie, a to o wiele łatwiej osiągnąć na siłowni, gdzie cały sprzęt masz na wyciągnięcie ręki, niż w domu. Utrzymywanie tętna na optymalnym poziomie to warunek zwiększania wytrzymałości organizmu oraz spalania tkanki tłuszczowej. Siłownie powstają właśnie z myślą o takich osobach jak ty i to z tego powodu maszyny cardio, czyli poprawiające kondycję, zawsze znajdują się w jednej strefie.

Siłownia to nie tylko idealne miejsce na poprawę kondycji – pomaga też zwiększyć wytrzymałość mięśni. Wytrzymałość mięśniowa, od której zależy odporność twoich mięśni, to właśnie rodzaj treningu w sam raz dla biegaczy w przeciwieństwie do ćwiczeń siłowych, które zwiększają tylko objętość mięśni i do niczego ci się nie przydadzą. Wzbogacając swój program o taki trening, zapewnisz sobie równowagę i unikniesz klasycznej sylwetki biegacza. W domu byłby możliwy, gdybyś kupił kilka maszyn treningowych, dlatego doskonałym rozwiązaniem jest siłownia, gdzie znajdziesz wszystko to, czego potrzebujesz. W tej chwili wiele ćwiczeń, na przykład mięśni łydek, może być dla ciebie czymś zupełnie obcym, ale szybko staną się codziennością na siłowni. Dzięki nim zwiększysz wytrzymałość nóg, a w efekcie będzie ci się łatwiej biegało i, co najważniejsze, ochronisz nogi przed kontuzjami.

Wskazówka
Podobnie jak w przypadku biegania, zaleca się, aby trening na siłowni rozpoczynać powoli. W miarę poprawy formy możesz zwiększać intensywność ćwiczeń i czas ich trwania.

Zapewne nie zechcesz przekształcać domu w centrum fitnessu, dlatego lepiej spakuj torbę i wyskocz na siłownię na porządny trening, zamiast próbować imitować go przed telewizorem. Nie ma nic złego w trzymaniu w domu kilku sprzętów na wypadek, gdybyś nie mógł wyjść, by poćwiczyć, ale nie licz na to, że trening w domu będzie równie efektywny, jak na siłowni. Ileż osób wykorzystuje rower stacjonarny jako suszarkę do ubrań lub codziennie potyka się w sypialni o zestaw nigdy nieużywanych hantli!

Wskazówka
Słaba technika obniża jakość treningu, ale co ważniejsze – może spowodować kontuzję, czasem groźną. Zanim zaczniesz ćwiczyć na wybranym sprzęcie, poproś wykwalifikowanego trenera o instrukcje.

ALTERNATYWA NA NIEPOGODĘ

Bieganie przy złej pogodzie jest trudne bez względu na poziom motywacji, a staje się jeszcze trudniejsze, gdy zapada zmrok. Zmorą jest lód i śnieg, po których w ogóle nie powinno się biegać ze względu na ryzyko odniesienia poważnej kontuzji. W dni, kiedy bliski kontakt z naturą może się wiązać z uszkodzeniem ciała lub gdy po prostu nie masz ochoty zmagać się z żywiołem, możesz wybrać alternatywne rozwiązanie.

Zamiast zakładać na siebie trzy warstwy ubrań i narażać się na przemarznięcie, możesz udać się na siłownię i potrenować na bieżni elektrycznej. Stałym zarzutem wobec bieżni jest to, że są nudne, ale daj im szansę, a przekonasz się, że mogą ci przynieść wiele korzyści.

Po pierwsze, dzięki bieżni możesz trzymać się planu treningowego bez względu na warunki pogodowe: z dostępem do bieżni nie masz już żadnej wymówki. Cokolwiek zakłada twój plan treningowy, możesz go wykonać dzięki siłowni. Możesz biegać w samych spodenkach i koszulce i nie martwić się o siły natury. Owszem, ukończenie biegu w trudnych warunkach daje ogromną satysfakcję, ale konieczność zmagania się z pogodą dzień po dniu może człowieka złamać. Siłownia to rozsądna alternatywa.

Druga korzyść to zapobieganie kontuzjom. Ciągłe bieganie po ulicach może prowadzić do uszkodzenia kolana, biodra, piszczeli czy innych części ciała, tymczasem regularne korzystanie z bieżni elektrycznej pomaga zminimalizować ryzyko. Nie wszyscy biegacze doznają kontuzji, jednak wiele osób prędzej czy później się z nimi zmaga. W przeciwieństwie do asfaltu bieżnia amortyzuje twoje ruchy i może znacznie zmniejszyć obciążenie stawów. Pamiętaj jednak, że trening wyłącznie na bieżni nie przygotuje cię odpowiednio do biegania w terenie.

Najlepiej jest połączyć bieganie na zewnątrz z bieżnią, nawet kiedy warunki pogodowe są wystarczająco dobre do biegania. Taka kombinacja pozwoli ci uniknąć uciążliwych kontuzji, które mogłyby wydłużyć twój trening.

Trzecią zaletą bieżni jest możliwość monitorowania szczegółów treningu. W pierwszych tygodniach niewiele będzie cię interesowało, z jaką prędkością biegasz – i słusznie – ale dzięki tej informacji możesz obserwować swoje postępy w przyszłości. W początkowej fazie treningu nie poświęcaj prędkości zbyt wiele uwagi. Jednak później stanie się ona potężnym elementem motywującym. Z upływem czasu – nawet nieświadomie – zaczniesz biegać coraz szybciej. Monitorowanie postępów na drodze może być trudne, chyba że dysponujesz drogim monitorem prędkości i dystansu; na bieżni wszystkie informacje masz przed oczami. Co więcej, możesz natychmiast przyspieszyć lub zmniejszyć tempo i od razu się dowiesz, jak to wpływa na pokonywany dystans. W kolejnych tygodniach możesz nieznacznie zwiększać tempo, pamiętając, że w ten sposób poprawisz swoją kondycję.

Niektórym bieżnie elektryczne wydają się nudne, jednak mogą znacznie wzbogacić program treningowy do maratonu.

KLUBY BIEGACZA

Przyjrzeliśmy się już klubom biegowym w rozdziale o treningu, warto jednak dodać, że niektóre siłownie mają własne kluby biegacza dla swoich członków, które mogą być idealnym rozwiązaniem dla osób początkujących, a szczególnie przygotowujących się do maratonu. Kluby takie mają oczywiście swoje wady i zalety, ale ogólnie warto się nimi zainteresować. Przynajmniej jednej lub dwóch sesji biegania w tygodniu nie musisz planować samodzielnie – ktoś inny zrobi to za ciebie.

Przystępując do klubu w początkowej fazie treningu, upewnij się, że poziom nie jest dla ciebie za wysoki. Niektóre kluby mogą organizować regularne biegi na kilka kilometrów w określonym tempie, na które możesz jeszcze nie być gotowy. Dasz radę pobiec, ale zrób to w odpowiednim czasie. Sprawdź też, czy stosowany jest trening interwałowy (omawialiśmy go w rozdziale o treningu). Jeśli tak, a ty nie jesteś na to gotowy, nie przejmuj się, nie musisz brać udziału. Pamiętaj, że takie grupy nie zawsze są prowadzone przez instruktorów z doświadczeniem w trenowaniu biegaczy, więc nie należy spodziewać się specjalistycznego treningu, tylko zorganizowanego biegu. Możesz mieć szczęście i trafić na utalentowanego trenera, ale nie zakładaj z góry, że tak będzie.

ASPEKT TOWARZYSKI

Inną korzyścią wstępowania do klubów przy siłowniach oraz chodzenia na siłownię jest aspekt towarzyski. W maratonach biega się samotnie, dobrze jest więc mieć przy boku innych pasjonatów biegania. W czasie wspólnego biegu można porozmawiać o podejmowanych wyzwaniach i okazać sobie wzajemne wsparcie.

Niektórzy lubią przemierzać ulice w samotności, inni cenią sobie wsparcie partnera. Jeśli jesteś w tej drugiej grupie, możesz próbować znaleźć towarzystwo właśnie na siłowni, gdzie często się spotyka potencjalnych partnerów do treningu, którzy mogą całkowicie odmienić twoje przygotowania do maratonu.

Nawet jeżeli nie jesteś specjalnie rozmowny, często spotykana na siłowniach atmosfera intensywnej pracy dobrze ci zrobi. Nawet jeśli będziesz się zajmował wyłącznie własnym treningiem, świadomość, że twój cel jest taki jak osób wokół, podziała motywująco.

Wskazówka
Uważam, że obecność innych osób ułatwia trenowanie do maratonu bez względu na to, czy ze sobą rozmawiamy, czy nie, dlatego gorąco polecam wypady na siłownię.

Jeśli nadal cię nie przekonałem do siłowni, wróć do tej kwestii później, ale postaraj się myśleć o tym pozytywnie. Masz złe doświadczenia? Trudno. Potraktuj je jako nieudaną próbę i spróbuj pójść na inną siłownię – możesz całkowicie zmienić opinię. Możesz też zrobić kolejne podejście do tej samej, mając w pamięci opisane korzyści. Jeżeli nigdy jeszcze nie byłeś na siłowni, powinieneś pójść najszybciej, jak tylko możesz. Twój trening do maratonu może w ten sposób wiele zyskać, szczególnie jeśli czeka cię bieganie w zimie!

10 NAJWAŻNIEJSZYCH PUNKTÓW

1. Wyrzuć z głowy wszystkie stereotypy na temat siłowni – zachowaj otwarty umysł.
2. Jeśli nie masz jeszcze karnetu, zacznij szukać w swojej okolicy siłowni, w której poczujesz się swobodnie.
3. Rozejrzyj się porządnie. Rynek fitnessu jest dziś bardzo konkurencyjny i można trafić na korzystne oferty specjalne.
4. Nie musisz od razu podpisywać umowy na cały rok – możesz chodzić na siłownię, kiedy ci pasuje, i płacić tylko za wykorzystane wejścia.
5. Poproś o pomoc wykwalifikowanego instruktora.
6. Trening na bieżni elektrycznej przynosi kilka korzyści: pomaga trzymać się ustalonego planu treningowego, zmniejsza ryzyko kontuzji i pozwala monitorować efekty twojej pracy.
7. Trening mieszany powinien stanowić istotny element twoich przygotowań.
8. Początkowo stosuj trening o niskiej intensywności, a w miarę poprawiania się twojej formy zwiększaj intensywność i czas trwania ćwiczeń.
9. Kluby biegacza przy siłowniach nie są wyłącznie dla doświadczonych biegaczy, ich oferta zazwyczaj jest skierowana do osób na różnych poziomach.
10. Towarzystwo na siłowni może znacznie ułatwić przygotowania do maratonu.

8

Jedzenie i napoje

W tym rozdziale dowiesz się:

- **jakie grupy pokarmowe są kluczowe dla biegania,**
- **jak zapewnić sobie energię na trening,**
- **co spożywać w dniu zawodów.**

Na początek
Odżywiaj się w sposób zdrowy i zbilansowany, pij dużo wody. Jedz częste, małe posiłki i nigdy nie dawaj się skusić pustym kaloriom, choćbyś miał na nie nieodpartą ochotę!

W czasie treningu do maratonu zmieni się w twoim życiu wiele rzeczy, również twoje potrzeby żywieniowe. Pojawią się nawyki żywieniowe, z których będziesz się śmiać, kiedy już będzie po wszystkim, na przykład zapotrzebowanie na makaron graniczące z uzależnieniem.

Im więcej trenujesz, tym więcej paliwa potrzebuje twój organizm, a ono, mówiąc najprościej, pochodzi z węglowodanów, tłuszczów i protein. Kiedy w kolejnych miesiącach będziesz przechodzić kolejne stopnie – od nowicjusza do regularnego biegacza – twoje potrzeby energetyczne będą stopniowo wzrastać.

Wskazówka

Łatwiej to sobie wyobrazisz, wiedząc, że przebiegnięcie mniej więcej półtora kilometra wymaga zużycia około 100 kilokalorii. To właśnie powoduje konieczność wprowadzania zmian w sposobie odżywiania się w miarę rozwoju treningu.

Zapotrzebowanie na węglowodany osiągnie szczyt, gdy będzie się zbliżał długi bieg, mniej więcej trzy tygodnie przed maratonem. Jednak same węglowodany nie wystarczą i musisz mieć pewność, że twój sposób odżywiania się jest zdrowy i zbilansowany przez cały czas trwania treningu.

Różne potrawy zawierają różną ilość węglowodanów, tłuszczów i białek, z których organizm czerpie odpowiednią ilość energii na gram jedzenia. Mierzy się ją w kilokaloriach i – co może zaskoczyć – to tłuszcze dostarczają więcej energii niż węglowodany: odpowiednio 9 kcal i 3,75 kcal! Jeden gram białka dostarcza 4 kilokalorie. Niestety, nie oznacza to, że tłuszcze stanowią najlepsze źródło energii. Najlepsza jest glukoza, którą organizm magazynuje w postaci glikogenu – a powstaje ona w wyniku rozkładu węglowodanów. W idealnym świecie twoje zapasy glikogenu nigdy by się nie kończyły – niestety, jest inaczej i stąd potrzeba regularnego uzupełniania go za pomocą odpowiednich pokarmów.

W czasie treningu gwałtownie się zwiększy także twoje zapotrzebowanie na płyny, dlatego tak ważne jest opracowanie strategii, która pomoże ci sprostać nowym wymaganiom.

W TRAKCIE TRENINGU

➲ GRUPY POKARMOWE

Każda rozmowa biegaczy na temat odżywiania szybko schodzi na węglowodany. Biorąc pod uwagę, ile szumu powstało wokół tych związków, jest to zrozumiałe, ale musisz wiedzieć, że kwestia odżywiania się w czasie treningu nie sprowadza się wyłącznie do ilości spożywanego makaronu!

Trenowanie do maratonu to wysiłek aerobowy, co oznacza, że twój organizm będzie zużywać węglowodany, białka i tłuszcze, a ilość wykorzystywanych węglowodanów będzie stopniowo wzrastać. O tym, ile czego dokładnie będziesz potrzebował, decyduje wiele czynników, takich jak twoja kondycja, intensywność ćwiczenia i długość jego trwania. W pierwszych dniach spalisz procentowo więcej tłuszczu, ponieważ twoja kondycja jest na niższym poziomie, sesje treningowe trwają krócej i nie są specjalnie intensywne. Na kolejnych etapach proporcja tłuszczu do glukozy znacznie się zmieni, dlatego będziesz musiał dostosować dietę do treningu. Dobra wiadomość jest taka, że im dłużej trenujesz i im intensywniej, tym więcej spalasz kalorii! Nie spożywając odpowiedniej ilości węglowodanów, nie będziesz w stanie trenować efektywnie, bo zaczniesz odczuwać nieustające zmęczenie i brak energii. Odpowiednia ilość węglowodanów złożonych zapewni ci lepsze samopoczucie.

Węglowodany złożone to podstawa wytwarzania energii, ponieważ bardzo wolno uwalniają paliwo do organizmu. Taka energia jest całkowitym przeciwieństwem energii dostarczanej przez ciastka, czekoladę i tym podobne produkty, które może i są pyszne, ale na dłuższą metę działają niekorzystnie. Ze względu na bardzo dużą kaloryczność mogą doprowadzić do tego, że zamiast schudnąć, zaczniesz przybierać na wadze. Regularny trening spowoduje większy głód, który należy zaspokajać produktami bogatymi w węglowodany złożone, takimi jak pieczywo, makarony, ziemniaki czy ryż. Oczywiście, jedząc je, należy zachować umiar. Bieganie nie może być wymówką do objadania się!

Tuż po powrocie z sesji treningowej musisz uzupełnić zapasy energii, dlatego zrób w domu zapas napojów izotonicznych. Przez kilka minut po treningu twoje mięśnie będą błagały o węglowodany, musisz też uzupełnić płyny w organizmie. Takie napoje pomogą ci zaspokoić obie potrzeby naraz.

Uważaj jednak, by nie popaść w obsesję na punkcie węglowodanów i rezygnować z innych pokarmów. Ważne jest, żebyś spożywał zbilansowane posiłki bogate w białka oraz nienasycone tłuszcze. Nie tylko kulturyści potrzebują protein, biegacze również. W czasie treningu mięśnie ulegają uszkodzeniu, a białko pomaga je odbudować. Staraj się spożywać od jednego do dwóch gramów protein dziennie na każdy kilogram masy ciała. Tłuszcze nie cieszą się dobrą sławą. Trochę sobie na to zasłużyły.

Istnieją tłuszcze dobre (nienasycone) oraz złe (nasycone), z czego te drugie znajdziemy przede wszystkim w produktach pochodzenia zwierzęcego takich jak nabiał. Dobre tłuszcze to nie tylko źródło energii, ale również korzyści dla zdrowia. Ich źródłem jest na przykład oliwa z oliwek, którą łatwo wkomponować w nowoczesną, pomysłową dietę. W przeciwieństwie do korzystnych dla zdrowia tłuszczów nienasyconych tłuszcze nasycone mogą wywołać poważne problemy, łącznie z chorobami serca. Udar oraz dusznica bolesna* to częste efekty odkładania się nadmiaru cholesterolu na ścianach tętnic. Ile tłuszczu należy więc spożywać? Kluczem jak zwykle jest równowaga, jednak staraj się skupić przede wszystkim na tłuszczach nienasyconych, które znajdziesz na przykład w produktach roślinnych. Zaleca się, aby tłuszcze nasycone – czyli złe – stanowiły nie więcej niż dziesięć procent całkowitego spożycia energii, czyli 28 g dziennie w przypadku mężczyzn i 22 g w przypadku kobiet. Całkowita ilość przyjmowanych tłuszczów nie powinna przekraczać 35 procent dziennego spożycia energii – 70 g dla kobiet i 100 g dla mężczyzn.

➲ PRZED BIEGIEM

Przed rozpoczęciem biegu musisz się upewnić, że twoje posiłki dostarczyły ci wystarczającą ilość energii. Jest to szczególnie ważne przed długim wybieganiem, stanowiącymi kluczowy element przygotowań do maratonu. Wiele osób odbywa długie biegi w weekend, najczęściej wcześnie rano, żeby przedłużyć sobie dzień, i w wielu przypadkach najważniejszy posiłek dnia – śniadanie – jest w ogóle pomijane. Wyjście na długie wybieganie bez paliwa to poważny błąd, który najczęściej kończy się kiepskim biegiem. Musisz zapewnić sobie zapas energii. To samo odnosi się do biegania wieczorem. Jeśli nie zjadłeś obiadu, nie planuj biegania zaraz po pracy – najpierw zjedz posiłek. Nie musi być duży, wystarczy przekąska, która pozwoli ci wytworzyć energię w trakcie biegu. Z drugiej strony, nie należy też jeść bezpośrednio przed bieganiem. Jeżeli biegasz po spożyciu głównego posiłku w ciągu dnia, musisz odczekać co najmniej dwie, dwie i pół godziny. Nie ma nic gorszego niż bieganie z pełnym żołądkiem; czujesz się ospały i bieganie nie sprawia przyjemności.

---

* Inaczej dławica piersiowa; choroba niedokrwienna serca objawiająca się bólem w klatce piersiowej, promieniującym w stronę pleców, barków i ramion

➲ W TRAKCIE BIEGU

Kiedy twoje treningi staną się nieco dłuższe, będziesz musiał zabierać ze sobą przekąski i coś do picia. Wybór jest ogromny, a jednym z najlepszych są żele i batoniki energetyczne. W czasie długiego biegu spalasz znaczną ilość kalorii i zmniejszasz zapasy energii, które musisz co jakiś czas uzupełnić. Żele i batoniki to szybki sposób na przyswojenie węglowodanów złożonych, które podnoszą poziom energii. Napoje izotoniczne z wysoką zawartością glukozy przynoszą podobny efekt. Konsystencja żelu przypomina gęsty syrop i w większości przypadków popija się go wodą. Pakowany jest w niewielkie saszetki i należy przyjmować jego niewielką ilość co jakiś czas. Najlepiej jest oderwać górę saszetki, wziąć jeden łyk i popić wodą. Nie zjadaj całego żelu naraz i zawsze popijaj go wodą, chyba że producent zaleca inaczej. Za szybkie przyjęcie żelu może wywołać nudności, więc bądź ostrożny, szczególnie w pierwszych dniach jego stosowania.

Wskazówka
W sprzedaży jest ogromny wybór żelów energetycznych. Wykorzystaj treningi, by poeksperymentować, a kiedy znajdziesz żel, który ci będzie odpowiadał, trzymaj się go.

Podczas maratonu będziesz potrzebować około czterech saszetek żelu, dlatego w czasie długich biegów powinieneś ich spożywać odpowiednio mniej. Możesz kupić pasek specjalnie zaprojektowany do noszenia saszetek z żelem oraz butelek z wodą. Dostępne są również małe buteleczki, w których można zmieścić mniej więcej cztery saszetki żelu. Takie buteleczki pomagają uniknąć problemu klejących się rąk podczas biegu. Inną opcją są batony energetyczne wybierane przez wielu biegaczy głównie ze względu na smak. Są jednak mniej poręczne i trzeba ich zużyć trochę więcej niż żelu, który jest bardziej skoncentrowanym zastrzykiem węglowodanów.

Produkty te będą stanowić ważny element twojej diety, ale nie możesz na nich bazować. Są idealne podczas biegu, jednak nie myśl, że zastąpią ci odpowiednie odżywianie się. Wiele razy będziesz odczuwać zmęczenie

– wówczas musisz sięgnąć po zdrowe jedzenie, a nie żel energetyczny. Zamiast syntetycznych produktów zabierz do pracy owoce. Jeżeli stosujesz zbilansowaną dietę, zawierającą odpowiednie proporcje węglowodanów, tłuszczów i protein, nie potrzebujesz suplementów. Nie biegnij od razu do apteki, żeby zaopatrzyć się w witaminy i minerały, bo wydaje ci się, że twoje ciało będzie ich teraz potrzebować. Odżywiaj się dobrze, a dostarczysz organizmowi wszystkiego, czego potrzebuje. Jeśli jednak przyjmujesz suplementy diety w celu uzupełnienia niedoborów na przykład żelaza i ze względu na dietę wegetariańską, to przyjmuj je nadal.

Trening sprawi, że jedzenie stanie się twoją małą obsesją, będzie ci się wydawało, że zajmujesz się nim na okrągło. Odżywianie to bardzo ważna część przygotowań do maratonu. Niewielkie regularne posiłki to najlepszy sposób odżywiania się. Zabieraj do pracy płatki śniadaniowe, owoce i orzechy; dzięki temu nie będziesz odczuwać głodu i nie przytyjesz. Zbyt duże posiłki sprawią, że przybierzesz na wadze i będziesz się czuć ociężały. Jedz mało, ale często.

➲ NAPOJE

Twoje zapotrzebowanie na płyny będzie się zmieniać w czasie trwania treningu i ważne jest, abyś się do tych zmian przystosowywał. Przy zwykłym trybie życia należy spożywać mniej więcej półtora litra wody dziennie, jednak w miarę zaawansowania treningu będziesz musiał zwiększyć tę ilość do 2–2,5 l w zależności od długości biegu zaplanowanego na dany dzień. Zapewnij sobie stały dostęp do dobrej, czystej wody w miejscu pracy, w samochodzie i w domu. Wypijaj dużo wody po każdym biegu, a kiedy wybiegania zaczną trwać trochę dłużej, zabieraj wodę ze sobą. Co ważne, nie należy zabierać ze sobą butelek z wodą zbyt wcześnie. Często osoby początkujące biegają źle, bo ciężka butelka z wodą psuje ich postawę. Nie musisz brać ze sobą wody na biegi trwające krócej niż godzinę, szczególnie w środku zimy. Zadbaj o prawidłowe nawadnianie przez cały dzień, a spokojnie pobiegniesz przez godzinę, a czasem nawet dłużej.

Kiedy wszystko inne zawiedzie, kup sobie któryś z modeli pasków na butelki i przekąski. Unikaj noszenia butelki z wodą w dłoni.

Wskazówka
Zapewnienie sobie zapasu wody na długi bieg nie jest proste, ale są na to sposoby. Możesz najpierw przemierzyć trasę samochodem i umieścić butelki w strategicznych punktach lub poprosić kogoś, żeby czekał na ciebie po drodze. Spróbuj także biegać ze specjalnym paskiem.

➲ MONITORING

W kolejnych tygodniach treningu wypracujesz w końcu sposób odżywiania i nawadniania dopasowany do twojego metabolizmu i biegania. Nie istnieje jedna droga do znalezienia najlepszego programu żywieniowego dla twojego organizmu, ale kilka wskazówek pomoże ci ją odnaleźć. Skorzystaj z nich i zapewnij sobie siłę, którą wykorzystasz w dniu zawodów.

Musisz uważnie śledzić zmiany twojej wagi i upewnić się, że spożycie kalorii odpowiada ich zużyciu. W przeciwnym wypadku może się zdarzyć, że przyjmując więcej kalorii, niż potrzebujesz, przybierzesz na wadze, a spożywając mniej kalorii, niż wykorzystujesz, schudniesz. Dla większości z nas jest to efekt pożądany, ale trzeba zachować ostrożność. Nie skupiaj się na gubieniu kilogramów, szczególnie za szybko. Zbyt duża utrata wagi może nadszarpnąć ci zdrowie i wywołać długotrwałe problemy. Spadek wagi powinien być zrównoważony i rozłożony w czasie. Jeśli poczujesz, że sprawy wymykają ci się spod kontroli, porozmawiaj ze specjalistą od żywienia i poproś go o fachową opinię.

TYDZIEŃ ZAWODÓW

Tydzień maratonu to niezwykły okres w twoim treningu. Będziesz wówczas bardzo mało biegać i sporo jeść. Pewnie się zastanawiasz, ile to jest sporo?

Większość osób rozpoczynających przygodę z bieganiem słyszało o tak zwanym doładowaniu węglowodanowym, ale zapewne nie do końca wie, o co dokładnie chodzi i ile tych węglowodanów należy przyjąć. Ogólnie mówiąc, chodzi o zatankowanie organizmu do pełna, tak by w dniu zawodów miał do wykorzystania mnóstwo energii. Organizm potrafi magazynować tylko pewną ilość węglowodanów, dlatego nie ma sensu spożywać ich więcej. Wszystko, co zjesz powyżej tej ilości, w dniu maratonu nie przyniesie ci żadnej korzyści.

W pierwszej połowie tygodnia odżywiaj się normalnie i wypijaj około dwóch litrów wody dziennie. W ostatnich trzech dniach przed zawodami twoje podejście do spożycia węglowodanów powinno się zmienić na nieco bardziej naukowe. Ilość spożywanych węglowodanów zależy od twojej wagi, więc na początku tygodnia przed zawodami musisz się zważyć. Wynik w kilogramach należy pomnożyć przez ilość węglowodanów, jaką powinieneś przyjmować na kilogram swojej wagi, czyli w przypadku maratończyka od ośmiu do dziesięciu gramów dziennie. Na przykład, jeśli ważysz od 65 do 70 kg i pomnożysz to przez 8 lub 10, otrzymujesz wynik 520–700 g węglowodanów dziennie.

Aby sobie wyobrazić, z jaką ilością węglowodanów mamy do czynienia, dodajmy, że kromka chleba zawiera ok. 15 g, banan 20 g, a duży ziemniak w mundurku do 100 g. To sporo jedzenia, musisz więc podjadać w ciągu dnia, ile się da. Choć skupisz się głównie na spożywaniu węglowodanów, upewnij się, że twoja dieta zawiera również trochę protein i tłuszczów nienasyconych.

Wskazówka
W tym okresie możesz się czuć nieco wzdęty, ale nie potrwa to długo i opłaci się w dniu maratonu, szczególnie na ostatnich 15 km.

ZAWODY

Dla wielu osób pierwsze doświadczenie z maratonem jest negatywne, bo po długich miesiącach planowania w dniu zawodów wszystko idzie nie tak. Często powodem jest złe podejście do kwestii odżywiania.

Ważne jest zjedzenie śniadania, odpowiednie nawodnienie organizmu przed maratonem i w jego trakcie oraz nieprzesadzanie z żelami energetycznymi i batonikami w czasie biegu. Właściwe podejście do tych kwestii sprawi, że wszystko pójdzie dobrze; niewłaściwe – że ten dzień będzie stracony.

Zawody prawdopodobnie rozpoczną się dosyć wcześnie. Niektórzy organizatorzy wymagają przybycia dwie lub trzy godziny przed czasem, choć w przypadku Maratonu Londyńskiego półtorej godziny w zupełności wystarczy. Oznacza to, że na bieg w Londynie powinieneś pojawić się około 8:30 rano, a więc wstać z łóżka o 6:00–6:30. Jeśli nie zjesz niczego od pobudki do ukończenia biegu, czyli co najmniej do 13:00, wpakujesz się w kłopoty. Twojemu organizmowi po prostu zabraknie paliwa i dojdziesz do tak zwanej ściany, czyli punktu, w którym zużyłeś już wszystkie zasoby glikogenu.

Wskazówka

„Ściana" w maratonie to moment, w którym organizm wykorzystał już cały zapas energii. Zjawisko to charakteryzuje puste uczucie całkowitego braku siły. W rezultacie, zamiast biec, zaczynasz iść lub w ogóle wycofujesz się z zawodów.

Przed maratonem musisz coś zjeść, jednak nie za dużo, inaczej przysporzysz sobie innych problemów. Idealne śniadanie to herbata lub kawa, suchy tost i banan – ale tylko pod warunkiem, że twój żołądek jest przyzwyczajony do każdej z tych rzeczy. W tygodniu zawodów nie należy próbować niczego nowego, w dniu biegu zaś zdecydowanie nie można wprowadzać żadnych nowości. Jeżeli przed każdym długim wybieganiem zjadasz batonik musli, nie zmieniaj tego zwyczaju. Nie kupuj innego rodzaju, zjedz ten, który jest już wypróbowany.

Pij wodę w godzinach poprzedzających start, ale nie w nadmiarze. Wystarczy mniej więcej litr w dwie, trzy godziny przed startem. Nie chcesz przecież spędzić za dużo czasu w kolejce do toalety. To samo dotyczy zbyt obfitego śniadania. Decydując się na pełen ciepły posiłek, możesz wywołać problemy tuż przed startem. Pamiętaj, jeśli krótko przed zawodami zjesz za dużo, twój organizm może chcieć się pozbyć balastu tuż przed startem lub, co gorsza, w trakcie biegu!

Jeśli uznasz, że przed startem przyda ci się banan lub bułka, zabierz je ze sobą i nie licz na to, że uda ci się je kupić na miejscu. Nawet jeśli po drodze znajdziesz sklep, nie ma sensu zostawiać niczego przypadkowi. Podobnie z wodą. Cokolwiek przyda ci się w trakcie maratonu, zabierz to ze sobą.

Upewnij się, na których dokładnie kilometrach rozdawana jest woda i produkty energetyczne, i jeśli uznasz, że potrzebujesz ich więcej, zabierz je ze sobą. Startując w największych maratonach, nie będziesz niczego potrzebować. Imprezy tej rangi zatrudniają dyrektorów medycznych, którzy upewniają się, że potrzeby żywieniowe wszystkich uczestników są zaspokajane na całej długości trasy. W Londynie stacje z wodą rozmieszczone są co milę – zaczynając od trzeciej mili – a stacje z napojami energetycznymi co pięć mil – zaczynając od piątej mili.

Wskazówka
Kilka tygodni przed zawodami warto poszukać w sklepach napoju energetycznego, który będzie dostępny w czasie biegu maratońskiego, by go wypróbować. Napoje mogą się od siebie znacznie różnić, więc zadbaj o to, by twój organizm przyzwyczaił się do marki dostępnej w trakcie maratonu.

Nie zmieniaj napoju energetycznego w dniu zawodów, to może wywołać problemy żołądkowe. Jeśli podczas treningów piłeś jakiś napój i pasuje ci on, zabierz go ze sobą na maraton. Nie zmieniaj nawyków w ostatniej chwili.

W czasie biegu popijaj wodę przy każdej stacji z wodą, nawet jeśli nie czujesz takiej potrzeby. Nie pij za dużo, tylko kilka łyków, następnie pozbądź się butelki, upewniając się, że nie rzucasz jej pod nogi innemu zawodnikowi. Uczucie pragnienia oznacza, że doprowadziłeś do odwodnienia, a w czasie maratonu trudno jest wrócić do prawidłowego poziomu. Niewielka ilość wody przyjmowana na każdej stacji pomoże uniknąć uczucia pragnienia. To samo dotyczy napojów energetycznych. Nie przyjmuj za dużej ilości za jednym zamachem i rozcieńczaj je niewielką ilością wody. Dzięki temu żołądek łatwiej je przyswoi. Jeśli za szybko spożyjesz napój energetyczny, możesz nabawić się kłopotów z trawieniem lub doprowadzić do wymiotów. Przyjmuj napoje powoli i z odrobiną wody. To, że dostałeś jakąś ilość płynu, nie oznacza, że musisz go w całości wypić. Wypij odrobinę i resztę wyrzuć. Maraton w Londynie zapewnia napoje energetyczne Lucozade, które można zabrać ze sobą. Ich zaletą jest to, że możesz popijać napój w dowolnym momencie i nie rozlewasz resztek wokół siebie.

Wzdłuż tras dużych maratonów zawsze znajduje się wiele osób proponujących zawodnikom jedzenie lub picie. Podchodź do tych podarunków z dużą ostrożnością. Choć jest mało prawdopodobne, by wywołały u ciebie problemy, to nigdy nie możesz mieć stuprocentowej pewności, szczególnie jeśli napój lub jedzenie jest już odpakowane. Popularne są tu cukierki, żelki, czekolada, banany, pomarańcze i wiele innych. Dobrze się zastanów, zanim coś przyjmiesz – tak na wszelki wypadek. Spożywaj tylko produkty, których możesz być pewien.

PO BIEGU

Od razu po przekroczeniu linii mety pomyśl o uzupełnieniu zapasów. Emocje będą chciały wziąć górę, ale nie wolno ci zapomnieć o potrzebach organizmu – bezpośrednio po maratonie oraz przez kilka kolejnych godzin. Skup się na trzech podstawowych kwestiach. Po pierwsze, musisz się szybko nawodnić. Natychmiast po ukończeniu biegu musisz przyjąć odpowiednią ilość płynów, dlatego większość dużych maratonów zapewnia uczestnikom wodę na mecie. Nie wlewaj w siebie od razu całej butelki, zacznij popijać wodę małymi łykami i popijaj ją tak przez kolejną godzinę. W ciągu pierwszej godziny po ukończeniu maratonu powinieneś wypić około pół litra wody. Dzięki temu twój organizm będzie miał czas, żeby ją przyjąć.

Po drugie, należy spożyć napój izotoniczny. Większość dużych imprez, takich jak Maraton Londyński oferuje na mecie również napoje, które pomagają odbudować zapasy glikogenu. Po ukończonym biegu poziom glukozy w twoim organizmie będzie bardzo niski i należy w miarę szybko go podwyższyć, żeby wspomóc proces regeneracji. Napoje izotoniczne przynoszą najlepsze efekty przez kilkanaście minut po wysiłku, jednak podobnie jak wodę, należy przyjmować je powoli i nie całą porcję naraz (w przeciwnym wypadku można je po prostu zwrócić).W ten sposób dodatkowo się nawodnisz i częściowo zaspokoisz głód. Unikaj jedzenia bezpośrednio po biegu – odczekaj co najmniej godzinę ze spożyciem posiłku większego niż kanapka. Przez kilka godzin unikaj też alkoholu, który mógłby mieć o wiele silniejsze działanie niż zwykle i zakłóciłby proces nawadniania organizmu!

Trzecia sprawa, którą musisz się zająć kilka godzin po maratonie, to spożycie zbilansowanego posiłku, bogatego w węglowodany i pozwalającego odbudować zapasy sprzed zawodów. Być może będziesz zbyt zmęczony, by nawet myśleć o jedzeniu, ale wieczorem musisz zjeść porządny posiłek. Może najdzie cię ochota na fastfoodowe jedzenie, szczególnie jeśli wystrzegałeś się go przez wiele tygodni treningu, jednak to nie czas na nie. Zdrowy posiłek wieczorem po biegu pomoże ci się zregenerować.

Właściwa strategia żywieniowa od pierwszych dni treningu do pierwszych godzin po przekroczeniu mety to połowa sukcesu w pierwszym maratonie!

10 NAJWAŻNIEJSZYCH PUNKTÓW

1. Jedz mało i często – niewielkie regularne posiłki zaspokoją twoje potrzeby i pomogą ci trenować.
2. Odżywianie podczas przygotowań do maratonu to coś więcej niż spożywanie dużych ilości węglowodanów; przez cały czas stosuj zdrową, zbilansowaną dietę opartą na wszystkich czterech grupach pokarmowych.
3. Wraz z rozwojem treningu wypijaj 2–2,5 l wody dziennie.
4. Na krótkie wybiegi nie musisz zabierać ze sobą wody, szczególnie zimą.
5. Wypróbuj różne rodzaje napojów i żelów energetycznych – stosuj to, co ci najbardziej pasuje.
6. Unikaj noszenia butelek z wodą w ręku; stosuj specjalny pas na wodę lub rozmieść butelki wzdłuż trasy.
7. Dowiedz się, jakie produkty odżywcze zapewnia organizator biegu, i zaplanuj, co musisz ze sobą zabrać.
8. W dniu zawodów nie jedz i nie pij niczego, czego wcześniej nie wypróbowałeś.
9. W czasie biegu nawadniaj organizm, regularnie popijając wodę małymi łykami.
10. Po maratonie nawadniaj się wodą, wypij napój izotoniczny, a po kilku godzinach zjedz zdrowy posiłek.

9

Klątwa kontuzji i chorób

W tym rozdziale dowiesz się:

- **jak powstają kontuzje,**
- **jakie są rodzaje kontuzji,**
- **jak sobie radzić z pęcherzami.**

Na początek
To może być trudne, ale nie wolno ci biegać w trakcie kontuzji lub choroby. Na wszelki wypadek dodaj kilka tygodni do planu treningowego.

Na pewnym etapie treningu prawdopodobnie dosięgnie cię klątwa kontuzji i chorób. Czasem można jej uniknąć, czasem nie – lecz jeśli się już zdarzy, będzie to bez wątpienia najbardziej frustrujący okres twojego treningu. Większość osób łapie drobne kontuzje podczas przyzwyczajania się organizmu do rygorów treningu, jednak zazwyczaj mijają one po krótkim odpoczynku. Czasem występują poważniejsze przypadki, które wymagają długiego leczenia.

Musisz słuchać swojego ciała i nie ignorować wysyłanych przez nie sygnałów. Każdy problem pojawia się z jakiegoś powodu i trzeba się z nim uporać. Może to oznaczać kilkudniowy odpoczynek z powodu przeziębienia lub wizytę u fizjoterapeuty. Kluczem do wszystkich problemów jest odpoczynek i to jest powód takiego, a nie innego ustawienia programów treningowych. Trening do maratonu wymaga mnóstwa czasu, potrzebne są również dodatkowe dni lub nawet tygodnie na wypadek, gdybyś nie był w stanie biegać. A nawet jeśli należysz do grona szczęściarzy, którym kontuzja ani choroba nie popsują planów treningowych, trochę odpoczynku i tak dobrze ci zrobi.

JAK POWSTAJĄ KONTUZJE?

Podczas treningu do maratonu może zaistnieć wiele przyczyn powstawania kontuzji. Wielu z nich jesteś w stanie zapobiec. Kontuzje można podzielić na: związane z bieganiem, treningiem mieszanym oraz obuwiem.

➲ TRENING BIEGOWY

Trening biegowy składa się z różnych elementów i jeśli któryś z nich wykonujesz niezgodnie z planem, możesz doprowadzić do pojawienia się kontuzji. Postępując według planu, na przykład takiego jak ten prezentowany w rozdziale 6, znacznie obniżasz ryzyko nabawienia się kontuzji podczas treningu, ponieważ podstawowym założeniem tego planu jest zapobieganie kontuzjom. Wielu biegaczy, szczególnie początkujących, za wcześnie – bo nie są na to gotowi – obciąża organizm zbyt intensywnym treningiem. Stopniowy postęp to podstawa treningu. Twoje ciało potrzebuje czasu, żeby przyzwyczaić się do coraz większego wysiłku. Dotyczy to także sesji interwałowych i fartleku; łatwo jest dać się ponieść i przesadzić. Jeśli nie jesteś na nie przygotowany – a początkujący zwykle nie są – lub próbujesz trenować w ten sposób bez nadzoru, pojawia się poważne ryzyko kontuzji takich jak złamanie przeciążeniowe.

Wskazówka
Złamanie przeciążeniowe to niewielkie pęknięcie kości, które może się pojawić w wyniku powtarzających się uderzeń podczas biegania, szczególnie po twardych nawierzchniach.

Nie lekceważ wyznaczonych w twoim planie treningowym dni odpoczynku. Znalazły się w nim nie bez powodu. Twój organizm musi mieć szansę zregenerowania się po każdym wybieganiu. Rób przerwy, nawet jeśli nie masz na to ochoty. Zastanów się dobrze nad swoimi trasami biegowymi i staraj się biegać po zróżnicowanym podłożu. Biegając za dużo po asfalcie, możesz uszkodzić piszczele, a nieustanne bieganie po nierównej nawierzchni może skończyć się uszkodzeniem mięśni i ścięgien, które utrzymują równowagę. Problemem może być także zbyt częste uczestniczenie w imprezach biegowych. W trakcie zawodów biega się szybciej niż podczas treningu, dlatego gdy bierzesz w nich udział raz za razem, za bardzo obciążasz organizm. Brak odpowiedniego odpoczynku często jest powodem kontuzji. Jeśli złapiesz bakcyla rywalizacji, postaraj się podchodzić do sprawy rozsądnie i zaplanuj dodatkowy dzień odpoczynku po każdym biegu. Nie zapominaj o rozgrzewce, uspokojeniu organizmu oraz rozciąganiu. Im lepiej jesteś rozciągnięty, tym mniejsze prawdopodobieństwo, że naciągniesz sobie mięsień.

Wskazówka

Staraj się wypracować pewną rutynę treningu. Na przykład, jeżeli zawsze biegasz rano, nie zmieniaj tego. Bardzo często kontuzja pojawia się, kiedy zmieniamy codzienne przyzwyczajenia lub zapominamy o odpowiednim przygotowaniu.

➲ TRENING MIESZANY

Dodatkowe formy treningu również mogą prowadzić do kontuzji. Trening mieszany, czyli inne ćwiczenia poprawiające formę, to doskonały pomysł, ale trzeba zachować ostrożność. Co prawda kontuzje rzadko są wynikiem ćwiczenia na maszynach, na przykład na stepperze czy ergometrze, mimo to przed ich rozpoczęciem warto skonsultować się z instruktorem. Na przykład nieprawidłowa technika na ergometrze może wywołać poważne problemy. Większość kontuzji pojawiających się na siłowni związana jest z ćwiczeniami siłowymi, podczas których za bardzo się obciąża pewne grupy mięśni i doprowadza do ich naderwania.

Wskazówka
Aby uniknąć przetrenowania danej grupy mięśni, staraj się – dla zachowania równowagi – w takim samym stopniu trenować grupy mięśni przeciwnych. Na przykład, jeżeli w czasie sesji treningowej skupiasz się na mięśniach brzucha, zrównoważ trening ćwiczeniami na dolne partie pleców.

➲ OBUWIE

Buty także mogą spowodować kontuzje. Istnieje wiele rodzajów obuwia do biegania, dlatego przed rozpoczęciem treningu należy dokonać zakupu u kompetentnego sprzedawcy. Biegając w butach zaprojektowanych do stylu biegania innego niż twój, możesz doprowadzić do pojawienia się problemów. Pamiętaj też, żeby regularnie wymieniać buty – w zależności od tego, jak biegasz, powinieneś – co 800–950 km. Po tym dystansie buty zaczną tracić właściwości amortyzujące. Mądrze wybrane buty pomogą ci uniknąć wielu kontuzji.

Wskazówka
Dużo osób, kiedy już znajdzie odpowiednie buty, kupuje ich kilka par. Ma to swoje zalety, na przykład jeśli dany model wyjdzie z produkcji, jednak trzeba pamiętać o tym, że buty do biegania z upływem czasu mogą tracić swoje właściwości, nawet jeśli ich nie używamy.

RODZAJE KONTUZJI BIEGOWYCH

Istnieją dwa ważne z punktu widzenia biegacza typy kontuzji.

Pierwszy to urazy, czyli na przykład złamanie nogi w wyniku upadku na oblodzonym chodniku. Na szczęście kontuzje tego typu zdarzają się raczej rzadko. Drugi rodzaj, czyli kontuzje powstające w wyniku zmęczenia materiału, zdarza się znacznie częściej. Pojawiają się, kiedy nadmiernie obciążona tkanka ulegnie uszkodzeniu. W pierwszych dniach najprawdopodobniej nawet nie zauważysz problemu, ale z czasem sytuacja będzie się pogarszać, aż dojdzie do tego, że bieganie stanie się zbyt bolesne.

Kontuzje przeciążeniowe możemy podzielić na dwie grupy: takie, które są efektem twojej budowy ciała, oraz takie, które powstają w wyniku działania czynników zewnętrznych. Czynniki pierwszej grupy to na przykład twój styl biegania lub wzrost, drugiej – za mało odpoczynku, źle dobrane buty, zbyt częste bieganie po jednym rodzaju nawierzchni.

Większość kontuzji jest wynikiem kombinacji czynników z obu grup, a znając je, można ich z powodzeniem unikać!

PRZEZIĘBIENIE, GRYPA I INNE WIRUSY

Taki problem może się pojawić w każdej chwili i nie bądź zaskoczony, jeśli choroba dopadnie cię podczas treningu. Ryzyko zwiększa się w okresie zimowym, który w przypadku przygotowań do maratonu wiosennego będzie stanowić główny okres treningu. Właściwe odżywianie, nawadnianie organizmu oraz odpoczynek mogą pomóc, choć często pada się ofiarą przeziębienia, nawet jeśli robi się wszystko, żeby mu zapobiec. Jeśli dopadnie cię choroba, musisz przestać trenować i powrócić do biegania dopiero po całkowitym wyzdrowieniu. Jeżeli wybiegniesz z domu za wcześnie, tylko wydłużysz swoją niedyspozycję.

Wirusy w szczególny sposób obciążają serce, dlatego nie należy biegać w czasie choroby. Przeziębienie z reguły nie jest groźne, ale nawet wtedy zaleca się przerwanie ćwiczeń aż do całkowitego wyleczenia. Jeśli zaplanowałeś udział w zawodach i dopadła cię choroba, nie powinieneś biec. Maraton oznacza szybsze bieganie, czyli jeszcze większe obciążenie dla serca.

Im więcej czasu dasz sobie na przygotowania, tym mniejsze znaczenie będą miały takie wymuszone przez niedyspozycje przerwy. Jeśli rozpoczniesz trening zbyt późno, jedno- lub dwutygodniowa choroba może poważnie naruszyć twoje przygotowania.

JAK O SIEBIE ZADBAĆ

➲ ZAINWESTUJ W SPRZĘT

Zużyte lub nieodpowiednie buty mogą wywołać kontuzję, więc zainwestuj czas i pieniądze w znalezienie odpowiedniego dla ciebie obuwia. Nie daj się skusić na promocje – wydaj nieco więcej, ale wybierz najlepsze. Jeśli idealne buty dla ciebie kosztują sto złotych więcej – to niewielka cena za ewentualne uniknięcie kontuzji. Nie słuchaj złych rad sprzedawców w dużych sieciowych sklepach namawiających cię do kupienia czegokolwiek tylko po to, żeby podwyższyć sprzedaż. Udaj się do specjalistycznego sklepu i posłuchaj uwag osób, które mają pojęcie, o czym mówią.

Pulsometr to kolejny ważny element wyposażenia, który pomoże ci zapobiegać kontuzjom. Kup go i dobrze się z nim zapoznaj. Pomoże ci ćwiczyć w odpowiedniej strefie treningowej, dzięki czemu nie będziesz się przetrenowywać. Jest to szczególnie ważne w początkowej fazie treningu, kiedy łatwo przesadzić, oraz na późniejszym etapie, kiedy czujesz się coraz mocniejszy i próbujesz zwiększać prędkość. Obserwuj pulsometr i nie przemęczaj się. W większości modeli można ustawić górną granicę tętna. Wystarczy włączyć alarm i pulsometr pilnuje, żebyś trenował w granicach odpowiedniej strefy.

➲ DOBRZE SIĘ ODŻYWIAJ

Dobra forma w czasie treningu zależy od prawidłowego odżywiania i nawadniania. Musisz odpowiednio dużo pić oraz spożywać posiłki bogate w węglowodany, proteiny i nienasycone tłuszcze. W miarę wydłużania treningów spożywaj coraz więcej węglowodanów.

Informacje na ten temat znajdziesz w rozdziale 8. Bez zrównoważonej diety będziesz odczuwać coraz większe zmęczenie, a twoja odporność na infekcje i choroby się zmniejszy.

➲ ROZCIĄGAJ SIĘ

W rozdziale o treningu znajdziesz zestaw ćwiczeń rozciągających. Naucz się je wykonywać i po każdym bieganiu rozciągaj się przez co najmniej

10–15 min, pamiętając o prawidłowej technice. Zwiększy to twoją gibkość oraz pomoże zapobiegać uszkodzeniu mięśni, które w poważniejszych przypadkach mogłoby wstrzymać trening na wiele tygodni. Naderwanie ścięgien podkolanowych, mięśni ud lub łydek to częsty problem wśród biegaczy, szczególnie w zimie, kiedy się zaniedba prawidłową rozgrzewkę. Wiele osób rozciąga się również po rozgrzewce, ale nie wszyscy są przekonani o wartości takiej techniki. Nie ma natomiast wątpliwości co do konieczności rozciągania się po biegu.

Skoro już wiemy, jak ważna dla biegacza jest elastyczność, warto rozważyć zapisanie się na jogę. W jodze nie chodzi jedynie o sprawność, lecz także o osiągnięcie harmonii między ciałem i umysłem w rytmie naszego oddechu. Nie ma co jednak ukrywać, że zapewnia także poziom rozciągnięcia, który bardzo pomaga w bieganiu, a dodatkowo wpływa korzystnie na psychikę, co bardzo ci się przyda w tym stresującym okresie.

Wskazówka
Bieganie angażuje przede wszystkim dolne partie ciała i koncentruje się na jednym poziomie ruchu - do przodu. Może to prowadzić do zaburzenia równowagi w organizmie; na przykład mięśnie odpowiedzialne za poruszanie nogami na boki mogą osłabnąć, podczas gdy w innych, wykorzystywanych bez przerwy, może się pojawić napięcie. Joga rozluźnia i rozciąga ciało we wszystkich kierunkach - w przód, w tył, na boki i ukośnie - dzięki niej twój trening zyska równowagę.

➲ MASAŻE

Twoim mięśniom dobrze zrobi porządny masaż co kilka tygodni. Poprawi przepływ krwi i wyeliminuje napięcie, dzięki czemu mięśnie będą pracować sprawniej. W każdej klinice fizjoterapeutycznej znajdziesz masażystę lub przynajmniej informację o tym, gdzie go znaleźć. Jeżeli wiesz, co robić, możesz wykonywać masaż samodzielnie, ale czemu miałbyś sobie odmawiać wizyty u profesjonalisty raz na sześć tygodni? Po masażu poczujesz się jak nowo narodzony!

Wskazówka
Bieganie powoduje mikrouszkodzenia tkanki mięśniowej, które bez odpowiedniej kuracji mogą doprowadzić do powstania poważnej kontuzji. Regularny masaż pomaga usuwać toksyny, polepsza unerwienie włókien mięśniowych oraz pomaga zapewnić ciągłość treningu.

➲ TRZYMAJ SIĘ PLANU

Podkreślam to już kolejny raz: musisz bezwzględnie trzymać się planu treningowego. Dbanie o własny organizm i zapobieganie kontuzjom polega również na tym, że nie tracisz koncentracji i nie odstępujesz od programu treningowego, który wybrałeś. Efektem będą: stopniowe postępy, udział w zaplanowanych zawodach i nie przesadzanie z prędkością. Ignorowanie planu może się skończyć problemami.

➲ KORZYSTAJ Z SIŁOWNI

Kiedyś biegacze uważali, że siłownia to miejsce dla osób, które nie myślą poważnie o bieganiu i skupiają się jedynie na swoim wyglądzie, a nie na poziomie sprawności. Obecnie sytuacja wygląda zupełnie inaczej i znaczny odsetek osób przygotowujących się do pierwszego maratonu wykonuje sporo pracy na siłowni. Program powinien zawierać ćwiczenia siłowe – oczywiście odpowiednio dobrane – oraz ćwiczenia koncentrujące się na mięśniach tułowia. Na tych właśnie obszarach skupia się obecnie wielu instruktorów siłowni. Silne mięśnie brzucha to lepsza postawa, która korzystnie wpływa na technikę biegania. Na mięśniach głębokich brzucha w znacznej mierze skupiają się ćwiczenia pilates, czyli technika budowania siły mięśni od wewnątrz. W ostatnich latach pilates stał się niezwykle popularny i większość dobrych siłowni ma w ofercie takie zajęcia. Nie odrzucaj tego typu ćwiczeń jako nieistotnych dla biegania; najpierw spróbuj – możesz być zaskoczony.

Niezależnie od tego, jakie ćwiczenia wybierzesz, upewnij się, że wykonujesz program ułożony specjalnie dla ciebie przez wykwalifikowanego instruktora z myślą o treningu do maratonu.

➲ ZNAJDŹ DOBREGO FIZJOTERAPEUTĘ

Różne problemy – mniejsze czy większe – będą się pojawiać w czasie całego treningu, więc aby mieć pewność, że reagujesz na nie szybko i prawidłowo, powinieneś znaleźć sobie dobrego fizjoterapeutę. W swojej okolicy możesz znaleźć wielu specjalistów, ale nie zapomnij sprawdzić ich kwalifikacji i tego, od jak dawna praktykują. Istnieje wielu wspaniałych fizjoterapeutów, ale można spotkać też nie aż tak dobrych, a nie chciałbyś przecież, żeby twoimi kontuzjami zajmował się ktoś z tej drugiej grupy. Sesje terapeutyczne płatne są za pół godziny lub za godzinę i są to najczęściej dobrze wydane pieniądze. Wielu biegaczy odwiedza fizjoterapeutę średnio raz w miesiącu, nawet jeśli kontuzja się nie zdarzy, żeby sprawdzić, czy wszystko jest w porządku.

CZEGO MOŻESZ SIĘ SPODZIEWAĆ NA PIERWSZYCH TRENINGACH

Im mniejsze masz doświadczenie z bieganiem, tym bardziej prawdopodobne, że kiedy zaczniesz biegać, twoje mięśnie staną się obolałe. Nie należy się tym martwić. Włókna mięśni mogą zostać delikatnie naderwane, tworząc obrzęki. Ból zwykle narasta na drugi dzień po ćwiczeniu, kiedy obrzęk staje się większy. Najczęściej boli w okolicy kolan, bioder, łydek, piszczeli oraz w ścięgnach Achillesa. Przez pierwsze dni możesz się spodziewać w tych obszarach pewnych dolegliwości, ale mogą się pojawić też w innych miejscach, szczególnie jeśli jesteś osobą początkującą lub przerzucasz się na bieganie z innych form ruchu.

➲ PĘCHERZE

Jednym z największych utrapień w twojej karierze biegowej mogą się okazać pęcherze. Choć problem ten nie dotyka każdego, to jednak większość biegaczy musi sobie z nim radzić i każdy próbuje znaleźć na to jak najlepszy sposób. Pęcherze pojawiają się przede wszystkim na początku programu treningowego, kiedy skóra jest delikatniejsza i mniej wytrzymała, a także przy wydłużaniu dystansów. Ciągłe ocieranie się skóry o skarpetkę sprawia, że w pęcherzu gromadzi się coraz więcej płynu, aż wreszcie pęka. Następnie odsłonięte miejsce na skórze staje się niezwykle bolesne i bez odpowiedniej kuracji cały proces może się powtórzyć – wówczas na pęcherzu tworzy się kolejny pęcherz, a to już jest zdecydowanie przykre doświadczenie.

Pęcherze mogą źle wpływać na trening, jednak stają się prawdziwym zagrożeniem w czasie zawodów, szczególnie podczas maratonu. Biegnąc w maratonie, zwykle pocisz się mocniej i dodatkowo oblewasz się wodą, żeby się schłodzić. Woda spływa do skarpetek. Pojawienie się pęcherzy po kilku minutach jest niemal gwarantowane, szczególnie że przyspieszone tempo biegu oznacza też silniejsze tarcie pomiędzy skórą a materiałem.

Zatem czy można ich jakoś uniknąć? Odpowiem: tak, ale nigdy nie ma stuprocentowej pewności. Oto kilka wskazówek:

- **Ostrożnie z wilgocią** – staraj się wycierać pot, tak by nie spływał na dół do butów, a polewając się wodą, pochyl głowę do przodu i nie mocz całego ciała.
- **Wybór butów jest kluczowy** – jak już wspominałem, wybór obuwia ma zasadnicze znaczenie z wielu powodów, a jednym z ważniejszych jest ochrona przed pęcherzami. Liczy się także dopasowanie. Zarówno za ciasne, jak i za duże buty będą cię obcierać, a więc doprowadzą do powstania pęcherzy. Nowe należy najpierw wypróbować – i to na krótkim dystansie. Kształt butów może dla niektórych osób stanowić problem, podczas gdy innym będą one pasować. Obuwie może być mniej lub bardziej ciasne w okolicy palców, może mieć różną wysokość podbicia i zapiętka. Poradź się specjalisty.
- **Wybierz dobre skarpetki** – równie ważny jak wybór butów jest zakup odpowiednich skarpetek. Na rynku jest ogromna liczba modeli, niektóre zostały zaprojektowane specjalnie z myślą o zapobieganiu pęcherzom. Najczęściej są to skarpetki z dwóch warstw materiału, które ocierają się o siebie, a nie o skórę. Warto je wypróbować. Najgorsze są skarpetki bawełniane. Poradź się specjalisty w sklepie dla biegaczy. Podobnie jak z butami, nie należy zakładać całkowicie nowych skarpet w dniu zawodów. Zawsze miej kilka par gotowych do użycia, a na zawody wybierz takie, w których przebiegłeś już wiele kilometrów.

- **Udaj się do gabinetu podologicznego*** – na temat zapobiegania pęcherzom istnieje wiele teorii, często stosuje się talk lub inne wysuszające produkty, takie jak denaturat, jednak najlepszą i najnowocześniejszą poradę uzyskasz, wykupując półgodzinną wizytę w specjalistycznym gabinecie podologicznym. Koszt około 100 złotych może zapewnić ci wiele godzin biegania bez bolesnych pęcherzy.

Leczenie pęcherza zależy od jego wielkości i umiejscowienia. Z dużym pęcherzem warto się udać do podologa, szczególnie gdy istnieje zagrożenie infekcją. Jeśli pęcherz jest niewielki i znajduje się w miejscu nienarażonym na kolejne obtarcia, lepiej zostawić go w spokoju, ewentualnie przekłuć. Zabieg taki należy wykonać sterylną igłą, z boku, nie naruszając góry pęcherza. Wspomoże to proces gojenia. Pamiętaj o umyciu rąk przed rozpoczęciem zabiegu. Po przebiciu pęcherza przyklej plaster antyseptyczny i regularnie go zmieniaj.

➲ LECZENIE KONTUZJI

Kontuzja czy choroba w trakcie treningu nie powinny cię zniechęcić. Przymusowy odpoczynek bywa frustrujący, ale jest często wołaniem o pomoc przemęczonego organizmu. Możesz doświadczyć problemów z kolanami, biodrami, piszczelami, łydkami i wieloma innymi częściami ciała, jednak w większości przypadków wyjdziesz z nich bez szwanku oraz bez szkody dla treningu. Tego typu problemów możesz się spodziewać, ale powinieneś też zrobić wszystko, żeby im zapobiec – wielu kontuzji naprawdę można uniknąć.

Mimo frustracji musisz odpocząć i skonsultować się ze specjalistą. Możesz udać się do lekarza pierwszego kontaktu, choć nie zawsze jest to najlepsze rozwiązanie. Wielu takich lekarzy nie posiada wystarczającej wiedzy na temat kontuzji biegowych i często je bagatelizuje.

Wizyta u specjalisty od kontuzji sportowych, a szczególnie takiego, który ma doświadczenie w bieganiu, oznacza rozmowę z kimś, kto naprawdę zrozumie twoje problemy. Słuchaj uważnie jego rad i zastosuj się do nich

* Podologia (inaczej podiatria) to dziedzina medycyny zajmująca się diagnozowaniem i leczeniem chorób stopy i stawu skokowo-goleniowego. W Polsce podologia nie jest jeszcze tak popularna, jak na zachodzie Europy, ale w dużych miastach można już znaleźć specjalistyczne gabinety podologiczne.

– inaczej taka wizyta nie ma sensu. Jeśli lekarz mówi, że masz odpocząć, odpocznij; jeśli da ci zestaw ćwiczeń, wykonuj je!

Wskazówka
Wsłuchiwanie się w sygnały ciała w celu szybkiego zauważenia kontuzji jest bardzo ważne, jednak ważne jest również unikanie samodzielnego stawiania diagnozy. Istnieje wiele typowych kontuzji, ale każdy przypadek jest indywidualny, a precyzyjną diagnozę może postawić jedynie wykwalifikowany lekarz lub terapeuta sportowy.

10 NAJWAŻNIEJSZYCH PUNKTÓW

1. Zapobieganie jest lepsze niż leczenie. Wielu kontuzji możesz uniknąć dzięki rozgrzewce, regularnemu rozciąganiu oraz równowadze w treningu.
2. Nigdy nie biegaj w czasie kontuzji lub choroby.
3. Zaleca się bieganie zawsze o tej samej porze dnia.
4. Joga i pilates mogą poprawić twoją gibkość i siłę mięśni tułowia, minimalizując ryzyko kontuzji.
5. Pulsometr pomaga uniknąć kontuzji, bo dzięki niemu masz pewność, że trenujesz z właściwą intensywnością.
6. Odpowiednie obuwie to podstawa zapobiegania kontuzjom.
7. Zapobiegaj powstawaniu pęcherzy, unikając wilgoci oraz nosząc odpowiednio dopasowane buty i skarpetki.
8. Jeśli często robią ci się pęcherze lub któryś z nich wygląda na zainfekowany, udaj się na wizytę do gabinetu podologicznego.
9. Nie stawiaj diagnozy samodzielnie – w przypadku kontuzji poradź się wykwalifikowanego lekarza lub terapeuty.
10. Nie pozwól, żeby kontuzja podcięła ci skrzydła, ale też nie ignoruj jej; namierz problem i zastosuj odpowiednie środki, żeby sobie z nim poradzić.

10

Zbiórka pieniędzy

W tym rozdziale dowiesz się:

- **jak ubiegać się o start charytatywny,**
- **jak zbierać pieniądze,**
- **jak osiągnąć zamierzony cel finansowy.**

Na początek

Zacznij zbierać pieniądze wcześnie i miej kogoś, kto pomoże ci w twoich wysiłkach.

BIEGANIE CHARYTATYWNE

„Bieg charytatywny" to wyrażenie, które pojawiło się w kontekście maratonu stosunkowo niedawno. Nadal jest określeniem w pewnym stopniu niezrozumiałym, jednak co roku przybywa osób biegających charytatywnie, szczególnie na takich imprezach jak Maraton Londyński. Dyrektor Maratonu Londyńskiego David Bedford opracował program gwarantowanych startów charytatywnych, dzięki któremu biegi charytatywne stały się kluczowym elementem każdej obleganej imprezy bez względu na jej rozmiar. Czym więc jest bieg charytatywny?

Wskazówka

W Polsce istnieje akcja „Biegnij charytatywnie", dzięki której możesz przy okazji startu w maratonie, pomagać potrzebującym. Jeśli chcesz wspomóc jakąś osobę lub organizację - skorzystaj ze strony domore.pl, która jest łącznikiem między darczyńcami a beneficjentami. Zebrano tu wiele organizacji charytatywnych i inicjatyw prywatnych, na które można przeznaczyć pieniądze; można też założyć własną akcję, na którą będą mogli wpłacać inni. Dzięki Do!More każdy może wspierać innych w wybranym przez siebie momencie i w najbardziej dogodny dla siebie sposób.

Maraton Londyński daje organizacjom charytatywnym możliwość wykupienia gwarantowanych miejsc na starcie, które mogą być ofiarowane uczestnikom biegu za określone wsparcie w postaci uzbieranych pieniędzy – najczęściej 6000–9000 złotych. Jest to korzyść dla wszystkich zainteresowanych, łącznie z organizacją, która wybierając dobrego zawodnika, może zyskać znacznie więcej pieniędzy, niż wyda na miejsce w maratonie. Schemat ten okazał się tak wielkim sukcesem, że obecnie lista oczekujących jest długa, a nowe organizacje charytatywne muszą czekać latami na wolne miejsca. W ostatnim czasie liczba miejsc charytatywnych została powiększona, żeby zapewnić udział jak największej liczbie organizacji, mimo to nie ma wątpliwości, że jeszcze przez wiele lat największymi wygranymi będą stowarzyszenia, które jako pierwsze zdecydowały się na udział w tego typu zbiórkach.

Przez wiele lat łatwiej było otrzymać start charytatywny niż obecnie. Dobry refleks może ci go zagwarantować, jednak niekoniecznie z ramienia fundacji, którą chciałeś wspierać, co czasem utrudnia zebranie ustalonej sumy. Najprężniejsze organizacje otrzymują co roku setki zgłoszeń i wybierają zawodników, przeprowadzając z nimi rozmowy telefoniczne lub/i wewnętrzne losowanie.

Jeśli masz szczęście i uda ci się zdobyć jedno z takich gwarantowanych miejsc, co dalej? Niektóre organizacje poproszą cię o wpłacenie zaliczki, która zostanie odliczona od sumy docelowej. Nie każda fundacja stosuje ten system, ale staje się on coraz popularniejszą metodą zagwarantowania sobie zysku. Wciąż pojawia się wiele setek pozbawionych skrupułów biegaczy, którzy za miejsce w biegu nie przynoszą żadnych pieniędzy lub sumę znacznie niższą od ustalonej. Oznacza to, że organizacja straciła pieniądze wydane na miejsce dla zawodnika oraz potencjalną sumę zebraną przez innego zawodnika, którego zgłoszenie zostało odrzucone. Osoby nieprzynoszące organizacji uzgodnionej sumy często potem stają na głowie, żeby tylko uniknąć płacenia, na przykład zmieniają numer telefonu komórkowego. Biuro Maratonu Londyńskiego dysponuje czarną listą, więc drugi raz taki zawodnik nie ma szans na start. Wysokość zaliczki może wahać się od 450 do 1200 zł i jest to dla organizacji pewne zabezpieczenie konieczne do zachowania płynności finansowej i planowania budżetu. Po wydaniu miejsca charytatywnego organizacja ma bardzo niewiele czasu, żeby wymienić zawodnika, gdyby okazało się, że z jakiegoś powodu musi on przerwać trening.

Pod koniec stycznia listy uczestników z gwarantowanym startem charytatywnym trafiają do biura Maratonu Londyńskiego. Przez kolejny miesiąc organizacje mogą wprowadzać zmiany. Od końca lutego zmiany nie są dozwolone i jeśli zrezygnujesz z udziału w zawodach po tym terminie, nikt nie będzie już mógł cię zastąpić. Organizacja może co prawda przenieść wykupione miejsce na rok następny, jednak w bieżącym roku miejsce to nie przyniesie jej oczekiwanego zysku. Może to mieć poważne skutki finansowe, szczególnie w przypadku niewielkich fundacji dysponujących małą liczbą wykupionych miejsc.

Kiedy już podpiszesz porozumienie z fundacją charytatywną, pora zaplanować, jak zgromadzisz ustaloną sumę pieniędzy. Zapewne przed podpisaniem umowy trochę już na ten temat myślałeś, bo uzbieranie tak dużej sumy to trudne i odpowiedzialne zadanie, więc przed podjęciem zobowiązania musisz mieć pewność, że dasz radę mu sprostać.

Jeżeli wśród znajomych, rodziny czy kolegów z pracy nie masz nikogo z listy najbogatszych ludzi świata, szybko się przekonasz, że zbieranie funduszy jest wyzwaniem równie poważnym, jak sam trening. Wiele osób twierdzi nawet, że trening bywa łatwiejszy. Jednak przy odrobinie pomysłowości i sporej dawce determinacji wszystko jest możliwe i mnóstwo osób jest wręcz zaskoczonych wysokością sumy, jaką udaje im się zgromadzić. W wielu przypadkach kwoty sięgają 14 000–18 000 złotych, co dla organizacji charytatywnej jest doskonałym wynikiem.

Biegać charytatywnie mogą nie tylko osoby z gwarantowanym miejscem od organizacji pozarządowych; pobiec w celu dobroczynnym może każdy.

Uczestnicy z własnym startem, to ci, którym udało się zdobyć miejsce w maratonie drogą losowania, więc nie stanowią dla organizacji obciążenia finansowego związanego z wykupieniem miejsca. Jeśli takie osoby decydują się na gromadzenie funduszy dla wybranej organizacji, nie obowiązuje ich minimalna suma zbiórki. Czy zbierzesz 900, czy 9000 zł, zostaną przyjęte z wdzięcznością. Opieka nad zawodnikiem z własnym startem wiąże się z pewnymi kosztami, takimi jak zakup koszulki i opłaty administracyjne, jednak są one nieporównywalnie niższe od kosztów wykupienia miejsca w biegu. Im więcej charytatywnych biegaczy z własnym miejscem, tym lepiej dla organizacji.

Wskazówka
Wiem z doświadczenia, że warto uzgodnić z wybraną organizacją swoje pomysły i plany na zbieranie pieniędzy. Każda organizacja ma własną politykę gromadzenia funduszy, zgodną z odpowiednią ustawą.

JAK ZEBRAĆ PIENIĄDZE NA CEL CHARYTATYWNY

Jak się zabrać do zbiórki charytatywnej na najbliższy maraton, bez względu na to, czy to twój pierwszy, czy dwudziesty pierwszy?

➲ ZACZNIJ OD RAZU!

Ważne jest, żeby nie odwlekać rozpoczęcia zbiórki do momentu, kiedy już mamy zagwarantowany udział w maratonie, czy to z własnym startem, czy charytatywnym. Gromadzenie funduszy trwa. Zacznij wcześnie, a nie tylko zapewnisz sobie wystarczająco dużo czasu, ale też rozpęd, ważny na początkowym etapie. Im dłużej zwlekasz, tym trudniejsze zadanie przed tobą i tym mniejszą masz na to ochotę – zwłaszcza jeśli masz własne miejsce i nie odczuwasz żadnej presji. Im wcześniej na twoim koncie pojawi się jakaś kwota przeznaczona dla fundacji, tym większą masz szansę zgromadzić przyzwoitą sumę. Szybki start będzie miał znaczenie również dla twojego treningu.

Zakładając, że tygodniowo możesz poświęcić na trening i zbiórkę około dziesięciu godzin, z upływem czasu trening zacznie brać górę, więc jeśli nie zaczniesz wystarczająco wcześnie, efekty twojej zbiórki mogą być marne.

Wskazówka
W pierwszych tygodniach na trening nie poświęcasz dużo czasu, czyli masz go więcej na zbieranie pieniędzy. Wykorzystaj to. W kolejnych tygodniach będziesz spędzać coraz więcej czasu na treningach, więc mniej ci go zostanie na zbiórkę, chyba że wygospodarujesz dodatkowe godziny z innych zajęć.

➲ POPROŚ O POMOC

Znalezienie sobie menedżera zbiórki może wiele zmienić! Ogromną pomoc często niosą rodzice, ale może to być każdy, kto zgodzi ci się pomóc w osiągnięciu celu finansowego. Trenowanie do maratonu nigdy nie jest łatwe, ale jednoczesna zbiórka pieniędzy może być wręcz wyczerpująca. Osoba, która zgodzi się przyjąć rolę twojego menedżera, sprawi, że to zadanie nie będzie aż tak trudne, a może nawet pomoże ci przekroczyć oczekiwaną sumę.

Obowiązki menedżera zbiórki mogą być różne, jednak jednym z ważniejszych obszarów zdobywania funduszy jest sponsoring i to przede wszystkim tu taka osoba może się sprawdzić. Zbiórka internetowa opisana poniżej to niezwykle ważny element sponsoringu, choć podobną pozycję zyskuje wysyłanie starych dobrych formularzy sponsorskich do jak największej liczby miejsc. Do ilu miejsc zdołasz wysłać formularz, jeżeli będziesz mieć wsparcie? Zapewne będzie ich więcej, niż gdybyś pracował w pojedynkę. Wysyłając formularz do dziesięciu sklepów, klubów, barów, siłowni itp. i otrzymując po 200 złotych od każdego z tych miejsc, otrzymujesz okrągłą sumkę 2000 złotych. Twój menedżer może dopilnować, żeby formularze trafiały w odpowiednie miejsce oraz regularnie sprawdzać, czy właściciele tych miejsc robią z nich użytek i nie trzymają ich pod ladą. Inne zadania dla menedżera zbiórki lub grupy wsparcia wymienię w dalszej części.

➲ WYKORZYSTAJ INTERNET

Rozsyłanie formularzy sponsorskich to od lat podstawa zbiórek charytatywnych, jednak wsparcia i ułatwienia można szukać przy użyciu nowych technologii. W ostatnich latach działalność charytatywną zrewolucjonizowały internetowe zbiórki pieniędzy, a biorąc pod uwagę mnogość firm oferujących usługi w tym zakresie, niemądrze by było nie skorzystać z tej możliwości.

Jest to naprawdę łatwe: wystarczy skontaktować się z wybraną fundacją, dowiedzieć się, z usług którego dostawcy korzysta, i wykupić odpowiednią domenę. Następnie wspierając się prostą instrukcją zakładania strony internetowej, możesz w ciągu kilku minut stworzyć własny obszar zbiórki charytatywnej, do której w każdej chwili będą mieli dostęp twoi znajomi, rodzina i współpracownicy. Jak się dowiedzą o twojej stronie? To proste, wyślesz im e-mail z adresem strony oraz informacją i przy odrobinie szczęścia datki zaczną spływać strumieniami! To naprawdę łatwe i ponownie – im wcześniej się za to weźmiesz, tym więcej osób będzie miało szansę dowiedzieć się o twojej stronie. To potencjalnie kolejne zadanie dla twojego menedżera i asystentów. Poproś, żeby wysłali adres strony jak największej liczbie osób i upewnij się, że twój osobisty powód zbierania funduszy na ten konkretny cel jest zrozumiały dla potencjalnych dawców. Podejdź do tego matematycznie – im więcej osób trafi na twoją stronę, tym więcej potencjalnych wpłat.

➲ PRZEKAZYWANIE PODATKU

Podatnicy z Wielkiej Brytanii mogą dodatkowo wspomagać organizacje dobroczynne, umieszczając swój adres na twojej stronie lub formularzu sponsorskim*. Dzięki tej informacji wybrana organizacja otrzyma dodatkowe 28 procent** jako zwrot podatku od przekazanej darowizny, co może stanowić znaczną część wsparcia. Nie można doliczyć tego do ustalonej wcześniej sumy, jaką zamierzasz zebrać, uczestnicząc w Maratonie Londyńskim, ale będzie to ogromna pomoc dla wybranej przez ciebie fundacji. Twój sponsor musi tylko podać swój adres w formularzu sponsorskim; po przekazaniu formularzy organizacja sama obliczy sumę, jaką może odzyskać z urzędu podatkowego i sama przeprowadzi cały proces odzyskiwania zwrotu. W przypadku wpłat przez internet działa to nieco inaczej. Więksi operatorzy wykonają odpowiednie obliczenia w imieniu fundacji i przekażą dodatkowe 28 procent bezpośrednio do niej.

* W Polsce podatnicy mogą przekazać 1 procent podatku na organizacje dobroczynne, wpisując do formularza KRS wybranej instytucji.

** Tzw. *Gift Aid*; dotyczy osób płacących brytyjski podatek dochodowy.

➲ WSPARCIE FIRM

Wiele firm wspiera wysiłki swoich pracowników w zbieraniu pieniędzy na cele charytatywne. Czasem się zdarza, że firma podwaja sumę zebraną przez pracowników, w innych przypadkach oferuje połowę tej sumy lub nawet dwa razy tyle. Jeśli zobowiązałeś się zebrać powiedzmy 7000 złotych, taka pomoc może się okazać darem niebios. W rezultacie musisz zgromadzić jedynie 3500 złotych, a dzięki wsparciu twojej firmy zyskujesz pełną sumę 7000.

W wielu przypadkach muszą zostać spełnione pewne warunki, więc zanim zdecydujesz się oprzeć swoją zbiórkę na wsparciu od firmy, sprawdź, czy je wszystkie znasz. Dowiedz się, jaka jest górna granica datku oraz czy firma zgadza się wspierać wybraną przez ciebie fundację. Jakie są ograniczenia czasowe – czy musisz złożyć pisemną prośbę w wyznaczonym terminie oraz czy firma może jednocześnie wesprzeć więcej niż jedną akcję? Na każde z tych pytań musisz znać odpowiedź.

Wskazówka

Jeśli twój pracodawca nie wspierał do tej pory żadnej akcji według zasady wyrównania sumy zebranej przez pracowników, może mu to zaproponuj? Opowiedz o korzyściach, takich jak zwiększenie motywacji i podwyższenie morale pracowników, możliwość wypromowania firmy oraz tworzenie dobrej atmosfery wśród pracowników.

➲ JAK ZBIERAĆ PIENIĄDZE WŚRÓD SPONSORÓW

W ostatnich latach internet całkowicie odmienił kwestie związane ze wsparciem sponsorskim; w rezultacie zbieranie pieniędzy stało się znacznie prostsze. Mimo to jest bardzo prawdopodobne, że oprócz ogromnej pracy, jaką wykonasz w sieci, w części twojej zbiórki zostaną wykorzystane formularze sponsorskie. Jak się do tego zabrać?

Prawdopodobnie będziesz mieć do czynienia zarówno z gotówką, jak i czekami*, więc jeśli nie najlepiej radzisz sobie z robotą papierkową, może

* Banki w Polsce zrezygnowały z wydawania czeków do rachunków klienckich.

cię to przyprawić o ból głowy. Najlepiej otrzymywać pieniądze od sponsorów najszybciej, jak to możliwe, na długo przed zawodami, i przesyłać je bezpośrednio do wybranej fundacji. Można to zrobić na wiele sposobów. Jednym z nich jest podanie numeru odpowiedniego konta bankowego fundacji, tak by sponsorzy mogli na nie dokonywać wpłat; możesz też prosić o wpłaty na twoje konto, po czym wystawiać czek dla organizacji na konkretną sumę. Jeśli część sponsorów woli przekazać pieniądze w formie czeku, poproś, aby wystawili go na fundację i prześlij do organizacji najszybciej, jak możesz. Fundacja doceni szybkie przekazywanie zebranych pieniędzy: i ze względu na płynność finansową, i jako dowód twoich starań w zgromadzeniu ustalonej kwoty. Będziesz otrzymywać od organizacji regularne powiadomienia o wpływających kwotach, do których często będzie dołączany list z podziękowaniem.

Niezależnie od tego, jaki sposób wybierzesz, pamiętaj o tym, żeby przesyłać pieniądze do fundacji najszybciej, jak to możliwe. Uganianie się za sponsorami po zawodach może się okazać znacznie większą męczarnią niż najtrudniejsze momenty treningu!

JAK ZGROMADZIĆ CAŁĄ USTALONĄ SUMĘ

Dla niektórych zebranie 7000 złotych za miejsce charytatywne w Maratonie Londyńskim okazuje się stosunkowo proste, jednak dla większości takie nie jest. Zwykle to spore wyzwanie, któremu trzeba poświęcić tyle samo lub nawet więcej czasu niż treningowi.

Zbiórka pieniędzy to nie tylko szukanie sponsorów; jest też wiele innych możliwości i tu właśnie przydaje się dobry menedżer zbiórki.

➲ SKONTAKTUJ SIĘ Z LOKALNYMI MEDIAMI

Wyrastające jak grzyby po deszczu niewielkie stacje radiowe, lokalne gazety czy strony internetowe oferują szerokie możliwości współpracy z mediami, która może ułatwić zbieranie funduszy. Im więcej osób usłyszy o tobie i twoim celu zbiórki, tym większa szansa na przyciągnięcie sponsorów. Ważne jest jednak, żeby dać mediom jakiś wabik, coś, co przyciągnie ich uwagę. Nie wystarczy powiedzieć, że zbiera się pieniądze na określony cel. Opowiedz o tym, dlaczego postanowiłeś wziąć udział w maratonie i jakie znaczenie ma twój bieg dla wybranej przez ciebie organizacji. Podrzuć im jakiś osobisty wątek, który sprawi, że to właśnie twoja historia zostanie wykorzystana. Zastanów się, co może zdecydować o tym, że to ty pojawisz się w mediach, a nie ktoś inny.

Nie zapominaj, że im bliżej zawodów tym więcej osób będzie szukało kontaktu z mediami, więc działaj szybko – ale najpierw upewnij się, że twoja historia zaciekawi dziennikarza. Nie będziesz musiał organizować wszystkiego samodzielnie. Wiele organizacji ma działy odpowiedzialne za kontakt z mediami oferujące znaczną pomoc. Często dysponują gotowymi szablonami notatek prasowych; wystarczy go wypełnić i rozesłać do lokalnych mediów – może to dać początek długotrwałej kampanii. Można oczywiście stworzyć notatkę prasową samodzielnie, ale po co na nowo wymyślać koło, skoro twoja organizacja już ją za ciebie opracowała?

Jeśli nie uda ci się zaistnieć w mediach za pierwszym razem, wypróbuj inną ścieżkę. Przemyśl dobrze swoje podejście; nie wystarczy bombardować dziennikarzy notatkami prasowymi. Zachęcisz ich do czytania, jeśli twoja historia będzie ciekawa, jeśli nie – notatka wyląduje w koszu. Efekty wysiłku zobaczysz, kiedy dzięki obecności w mediach zyskasz spore grono sponsorów.

Wskazówka
Zauważyłem, że odzew ze strony mediów jest znacznie większy, gdy dostarcza się informację prasową osobiście. Spotykając się z dziennikarzem twarzą w twarz, masz okazję wyjaśnić powody, dla których zaangażowałeś się w sprawę. W ten sposób zwiększasz swoje szanse na publikację.

➲ UDERZ DO LOKALNYCH PRZEDSIĘBIORCÓW

Gdziekolwiek mieszkasz, w okolicy na pewno znajdują się przedsiębiorcy, którzy często rozumieją, że spoczywa na nich moralny obowiązek działalności charytatywnej, a wsparcie dla maratończyka organizującego zbiórkę pieniędzy to dla nich doskonała okazja. Wybierz kilka firm i podejdź do sprawy podobnie jak w przypadku kontaktu z mediami. Podaj im konkretny powód, dla którego powinni ci pomóc. Niektórzy biznesmeni regularnie zasilają organizacje charytatywne, dowiedz się więc, czy ktoś w twojej okolicy nie wspiera fundacji wybranej przez ciebie.

Porozmawiaj z przedsiębiorcami o swojej roli w całym przedsięwzięciu. Nie oczekuj, że tak po prostu wyślą ci grubszą sumkę; musisz na to zapracować. Możesz zaproponować, że po zawodach spotkasz się z pracownikami danej firmy, pokażesz im zdobyty medal i opowiesz o tym, jak ich pieniądze wpłynęły na pracę fundacji. Wyjaśnij, na co konkretnie fundacja wyda zebrane fundusze. Zaproponuj, że umieścisz logo firmy na swojej koszulce oraz formularzach sponsorskich, drukowanych i elektronicznych, wspominaj nazwę firmy w rozmowach z mediami. Im bardziej widoczna stanie się dzięki twojej działalności, tym chętniej będzie ci pomagać. Wspieranie działalności charytatywnej to jedno, a połączenie tego z korzyściami biznesowymi to zupełnie co innego.

➲ LOKALNE PUBY I KLUBY

Jeżeli jesteś stałym bywalcem któregoś baru lub klubu – zaangażuj go w zbiórkę. Oczywiście nie będziesz w nim teraz bywał tak często, jak do niedawna, ale będziesz miał wymówkę, żeby pójść do pubu i nikt nie będzie ci robił wyrzutów.

Bary i puby często chętnie wspierają stałych klientów w dążeniach takich jak przebiegnięcie maratonu, co może mieć zasadnicze znaczenie dla zbiórki. Pomoc może mieć bardzo różny zakres, od wystawienia puszki na datki, aż po szeroko zakrojony konkurs, który bar zorganizuje w twoim imieniu. Umów się z właścicielem i podsuń mu kilka pomysłów. Nie zapominaj, że konkurencja nie śpi, więc zajmij się tym w miarę wcześnie.

➲ IMPREZA

Pomysł imprezy, na której goście proszeni są przy wejściu o złożenie datku, może ci się wydać dziwny, ale w czasie przygotowań do maratonu wiele rzeczy będziesz robić inaczej niż wcześniej. Pomyśl o zorganizowaniu imprezy z płatnym wejściem u siebie w domu lub w jakimś innym miejscu; opłata powinna pokrywać koszty imprezy z nadwyżką. Całkowity zysk przekaż na konto fundacji. Wybierz na przykład pobliski pub lub hotel – może dadzą ci zniżkę na wyżywienie lub noclegi? Niewykluczone, że odzew wśród znajomych cię zaskoczy! Wielu osobom pomysł wyda się naprawdę atrakcyjny. Większość z nas chciałaby od czasu do czasu wesprzeć organizację charytatywną, a jeśli wystarczy w tym celu pójść na imprezę – chętnie skorzystamy z okazji. Na podobnej zasadzie możesz urządzić każdą domową imprezę. Po prostu poproś gości o przeznaczenie jakiejś sumy na wybrany przez ciebie cel.

➲ LOTERIA

Nie jest to co prawda ostatni krzyk mody, ale loteria to stara dobra metoda zbierania pieniędzy. Postaraj się o przyzwoitą nagrodę – może ją zasponsorować lokalny przedsiębiorca – wydrukuj losy i gotowe. Oczywiście na poważnych loteriach obowiązują przepisy prawne, ale do loterii dla znajomych i przyjaciół nie trzeba podchodzić aż tak zasadniczo. Nawet jeśli zbierzesz tylko 500 złotych, będziesz o 500 złotych bliżej swojego celu. Im lepsza nagroda, tym więcej pieniędzy zgromadzisz, więc postaraj się o coś naprawdę atrakcyjnego. Niewykorzystane prezenty z ostatniej Gwiazdki mogą nie wystarczyć!

➲ ZAKŁADY

Istnieje wiele rodzajów konkursów, które możesz zorganizować, jednak chyba najpopularniejsze jest obstawianie czasu zawodnika. Rozpisz w tabelce możliwe czasy ukończenia maratonu, przy każdym zrób miejsce na imię i nazwisko osoby, która wybrała dany czas. Zakład wygrywa osoba, która obstawi wynik najbliższy twojemu. Sam ustal cenę zakładu oraz wysokość wygranej. Może to być na przykład podział pół na pół zebranych pieniędzy między zwycięzcę i organizację charytatywną. Brzmi to banalnie, ale najszybsze sposoby gromadzenia funduszy są często bardzo proste. Im łatwiej wziąć udział w zbiórce, tym lepszy osiągniesz rezultat.

Początkowo przytłaczającym zadaniem może się wydać zgromadzenie 7000 złotych za gwarantowane miejsce z ramienia organizacji charytatywnej w imprezie takiej jak Maraton Londyński. Nie panikuj! Zrób dobry plan, zacznij wcześnie, znajdź kogoś do pomocy i wykaż się pomysłowością, a może się okazać, że zebrałeś więcej, niż planowałeś. Pamiętaj też, że jeśli udało ci się zdobyć własne miejsce w maratonie, to dla fundacji każde wsparcie finansowe z twojej strony będzie niezwykle pomocne.

Wskazówka
Motywem przewodnim zbiórki powinien być twój osobisty powód, dla którego się w nią zaangażowałeś. Jeżeli wspierasz jakąś fundację ze względu na członka rodziny lub znajomego znajdującego się pod jej opieką, mów o tym. Dzięki temu twoja prośba zyskuje większą wiarygodność i ma większą szansę zakończyć się powodzeniem.

10 NAJWAŻNIEJSZYCH PUNKTÓW

1. Z własnym miejscem na starcie także możesz zorganizować zbiórkę pieniędzy, a presja związana z zebraniem konkretnej sumy będzie mniejsza.
2. Przedstaw fundacji swoje plany związane ze zbiórką i upewnij się, że zgadzają się one z jej indywidualną polityką.
3. Rozpocznij zbiórkę wcześnie, od razu po otrzymaniu miejsca w wybranej imprezie.
4. Skorzystaj z pomocy innych, a jeśli to możliwe, znajdź sobie menedżera zbiórki.
5. Na działalność związaną z gromadzeniem funduszy trzeba poświęcić co najmniej pięć godzin tygodniowo.
6. Załóż własną stronę internetową do zbiórki i roześlij link do niej do jak największej liczby osób.
7. Porozmawiaj ze swoim pracodawcą o ewentualnym wsparciu twojej zbiórki.
8. Polscy płatnicy podatkowi mogą przeznaczyć 1 procent swojego podatku na wsparcie wybranej przez siebie organizacji charytatywnej.
9. Poszukaj wsparcia w lokalnych firmach i podaj im dobry powód, dla którego powinni się zaangażować w pomoc właśnie tobie.
10. Nacisk na osobisty stosunek do prowadzonej zbiórki powinien być podstawą twojej kampanii.

11

Tydzień przed maratonem

W tym rozdziale dowiesz się:

- **ile należy biegać w ostatnich dniach przed startem,**
- **jak sobie radzić ze stresem,**
- **co zrobić, jeśli źle się czujesz.**

Na początek

Ostatnie dni przed zawodami są dość frustrujące. Postaraj się zrelaksować i nie przesadzaj z treningami. Cierpliwość to twój klucz do sukcesu.

Tydzień poprzedzający maraton jest dziwny i zupełnie inny od wszystkich poprzednich tygodni w programie treningowym. Biorąc pod uwagę ilość biegania, przypomina raczej tygodnie początkowe, ponieważ nacisk na trening jest teraz mniejszy, a priorytetem jest dbanie o zdrowie. To czas, kiedy powinieneś wręcz przesadnie na siebie uważać. Oto tydzień wyciszenia.

Dominującym odczuciem przez tych siedem dni jest frustracja. Czujesz się jak w pułapce. Chcesz biegać, ale nie możesz przesadzić. Pierwszy raz w życiu naprawdę wiesz, jak czują się dzikie koty zamknięte w klatkach w zoo: mają niesamowite możliwości, ale są tak bardzo ograniczone.

Tydzień poprzedzający maraton może przesądzić o porażce wielu osób z dwóch powodów. Po pierwsze, niektórzy wpadają w panikę. Uświadamiają sobie, że nie pracowali wystarczająco dużo i zamiast zwolnić tempo, próbują nadrobić w ostatnim tygodniu czas stracony z powodu choroby lub kontuzji. Błąd. To bezsprzecznie najgorszy moment na zwiększanie tempa treningu. Jeżeli nie zdążyłeś przygotować się odpowiednio do tej pory, dodatkowe kilometry nie pomogą ci tego nadrobić. Lepiej polegać na tym, co już zrobiłeś – zakładając, że trenowałeś wystarczająco długo, aby udało ci się ukończyć zawody – a nie dokładać sobie kilometry, łudząc się, że poprawi to twój czas o 10 minut. Twój organizm najpewniej nie zdoła zregenerować się po tygodniu intensywnej pracy, w rezultacie w dniu biegu pojawisz się na starcie w kiepskiej formie. Co gorsza, możesz się nabawić kontuzji. Jeżeli nie przygotowałeś się wystarczająco, żeby ukończyć zawody, najlepsze, co możesz zrobić, to odpuścić go sobie i wystartować w innych. W Maratonie Londyńskim możesz przesunąć udział na kolejny rok i takie rozwiązanie wydaje się najrozsądniejsze.

Są też osoby, które nie potrafią przestać trenować. Jeżeli trenowałeś zgodnie z programem, prawdopodobnie jesteś teraz w najlepszej formie w swoim życiu. Czujesz, że możesz wszystko, więc znaczne ograniczenie biegania jakoś cię nie przekonuje. W ostatnim tygodniu biegasz i trenujesz tak samo, jak wcześniej, niesłusznie zakładając, że kilka dodatkowych sesji szybkościowych to właśnie to, co pomoże ci osiągnąć absolutny szczyt swoich możliwości w dniu zawodów. Kolejny błąd. Osoby z takim podejściem, podobnie jak grupa opisana wcześniej, narażają się na porażkę i zaprzepaszczenie wszystkiego, nad czym ciężko pracowały przez wiele miesięcy. Program treningowy należy wykonać do końca, a ostatni tydzień jest jednym z najważniejszych. Będzie ciężko, ale potraktuj to jak kolejny sprawdzian.

Wskazówka

Uczucie frustracji, a nawet lekkiego zdenerwowania jest całkowicie normalne, ale to zaprocentuje. To tylko kilka dni, a ty zasłużyłeś sobie na odpoczynek po ciężkiej pracy, jaką wykonałeś.

ILE NALEŻY BIEGAĆ?

Odpowiedź, bez względu na wybrany plan treningowy, brzmi: bardzo mało. Twój organizm pracował z ogromną intensywnością i należy mu się regeneracja przed ostatecznym wyzwaniem. Nieważne, jak się czujesz, nie przekraczaj czasu biegania wyznaczonego w twoim planie treningowym, w przeciwnym razie popsujesz sobie dzień zawodów.

Ostatni tydzień, a także cały okres wyciszenia (zob. rozdz. 5), czyli w sumie około dwóch tygodni, to bardzo ważny czas. Właśnie wtedy dostarczasz sobie paliwo na ponad 42-kilometrowy bieg. To bardzo długi dystans i po przekroczeniu mety powinieneś mieć pewność, że zrobiłeś wszystko co w twojej mocy. Jeżeli uświadomisz sobie, że nie zdążyłeś się w pełni zregenerować po dodatkowym wyczerpującym biegu w ostatnim tygodniu, nigdy sobie tego nie darujesz.

Najlepszy plan treningowy na ostatni tydzień skupia się na minimalizowaniu szkód wyrządzanych organizmowi. Trzeba na siebie uważać, dlatego optymalnym rozwiązaniem na kilka ostatnich dni jest siłownia. Wykonaj dwa lub trzy lekkie biegi na bieżni elektrycznej, każdy po pół godziny lub krócej. Bieg możesz zastąpić marszem. Celem ostatnich treningów jest rozgrzewanie mięśni przed zawodami. Przebiegnięte w tym czasie kilometry nie mają już wpływu na to, jak pobiegniesz – chyba że przesadzisz z treningiem – masz jedynie pilnować, żeby twoje mięśnie nie zesztywniały. Nie zmieniaj stylu biegania, bo niesie to ze sobą ryzyko kontuzji. Jeśli mimo wszystko zdecydujesz się wykonać kilka ostatnich sesji na zewnątrz, nie próbuj nowych tras, trzymaj się tych, które znasz.

INNE ĆWICZENIA

Te same zasady obowiązują przy innych formach aktywności, które powinny być dopasowane do ilości biegania. Staraj się w niczym nie przesadzić i nie próbuj niczego nowego. W tym tygodniu dobrze jest zastąpić bieganie innymi ćwiczeniami, ale tylko pod warunkiem, że nie próbujesz dzięki nim zwiększyć objętość treningu. Dobrym pomysłem są krótkie spacery i jazda na rowerze, ale zawsze z zachowaniem ostrożności.

Jeśli wybierzesz bezpieczny trening na siłowni, możesz skorzystać z rowerka stacjonarnego, ergometru, stepperów i innych sprzętów fitness, ale tylko takich, które dobrze znasz. Nie rozpoczynaj treningu na ergometrze tydzień przed maratonem, bo to najprostsza droga do katastrofy.

Wskazówka
Podobnie jak z bieganiem, wyluzuj i staraj się nie forsować. Nie stawiaj sobie celów ani wyzwań. W tym tygodniu masz się oszczędzać przed swoim wielkim dniem.

CO JESZCZE MOŻNA ZROBIĆ, BY SIĘ PRZYGOTOWAĆ?

Odpowiedź zależy od zawodów, w których bierzesz udział. Jeśli jest to jeden z największych maratonów, takich jak londyński czy nowojorski, przed zawodami trzeba się udać do biura zawodów i odebrać swój numer startowy oraz chip do pomiaru czasu. W swoich planach musisz uwzględnić taką wizytę w w ostatnich dniach przed startem, szczególnie jeśli mieszkasz poza miastem. Najczęściej targi trwają trzy lub cztery dni i organizowane są w pobliżu linii startu. Ich skala może cię nieco przytłoczyć i możesz poczuć pierwsze nerwy, kiedy uświadomisz sobie ogrom całego przedsięwzięcia.

Targi odbywają się najczęściej w ogromnych halach wystawowych mieszczących setki stoisk, na których sprzedawcy próbują zachęcić cię do kupna swojego produktu lub udziału w konkursie. Musisz więc nie tylko odebrać swój numer, ale przebić się przez gąszcz produktów i ofert dla biegaczy, z których wiele wyda ci się niezwykle kuszących. I tu znowu powinieneś kierować się rozsądkiem. Udział w każdych targach potrafi być wyczerpujący, dotyczy to również targów poprzedzających maraton. Nie wędruj godzinami od stoiska do stoiska, bo ucierpią na tym twoje nogi. Jeżeli zamierzasz zobaczyć wszystko i dowiedzieć się jak najwięcej, daj sobie sporo czasu i regularnie odpoczywaj. Nie ma to aż takiego znaczenia w pierwszym dniu targów, bo zostaje ci jeszcze kilka dni na regenerację. Jednak będziesz bardzo zawiedziony, jeśli twoja forma podczas zawodów nie będzie najlepsza z powodu wielu godzin spędzonych na targach.

Targi są zwykle najbardziej oblegane w soboty, dlatego – jeśli to możliwe – najdogodniej jest się na nie wybrać w tygodniu. Jeżeli otwierają się w środę, spróbuj pojechać w środę. Z wcześniejszą wizytą na targach możesz mieć problem ze względów logistycznych, na przykład jeśli mieszkasz daleko od miejsca zawodów. Jednak pamiętaj, że lepiej wybrać się na targi wcześniej niż później. Bywa, że organizatorzy pozwalają, aby ktoś odebrał za ciebie numer startowy, ale nie można na to liczyć. Jeżeli jest taka możliwość, trzeba podpisać odpowiedni formularz, a osoba odbierająca twój numer musi okazać dokument tożsamości.

Jedną z największych pokus na targach jest zaopatrzenie się w nowiutki strój, który założysz w dniu zawodów. Sam zakup nie jest złym pomysłem, bo na targach prezentuje się wiele marek, często w dobrej cenie. Najlepsze okazje zdarzają się szczególnie pod koniec targów, kiedy wystawcy chcą się pozbyć towaru. Jednak jeśli coś kupisz, schowaj to do szafy – niech cię nie kusi zakładać nowy strój w dniu zawodów. Mowa tu o butach, spodenkach, koszulkach i wszystkich elementach, które mogą obcierać. Wystartuj w tym, co dobrze znasz, i nie zakładaj niczego, co nie miało okazji się dopasować do twoich kształtów.

CO NALEŻY JEŚĆ?

Bieg maratoński pochłania ogromne zasoby energii, której większość pochodzi z tego, co spożyłeś w ostatnim tygodniu. Musisz się teraz prawidłowo odżywiać i nie wolno ci porzucić dobrych nawyków, których – mam nadzieję – nabrałeś przez ostatnie miesiące.

Najważniejsze są węglowodany. Prawdopodobnie masz już wstręt do makaronu i nie chcesz go więcej oglądać, ale w tygodniu zawodów musisz się jeszcze poświęcić. Pamiętaj, że węglowodany to nie tylko makaron. Ziemniaki i ryż to doskonała alternatywa i w zupełności wystarczą, jeśli naprawdę nie możesz znieść widoku makaronu.

Nie próbuj niczego nowego i ta rada dotyczy nawet sosu do makaronu. Trzymaj się sprawdzonych produktów, po których nie nękają cię żadne dolegliwości. To fatalny okres na wprowadzanie jakichkolwiek nowości. Dotyczy to także przekąsek i produktów energetycznych, takich jak żele, napoje i batoniki. Wszystko co nowe może wywołać u ciebie reakcję, która zniweczy twoje plany.

Szczególnym problemem wielu maratończyków, również startujących po raz pierwszy, jest wybór kolacji przed zawodami. Sprawdzają się tu te same zasady. Nie próbuj niczego nowego i wybieraj produkty, które dobrze znasz. Często łatwiej to powiedzieć, niż wykonać, jednak jest to kwestia szczególnie ważna na kilka godzin przed zawodami. W tym czasie za wszelką cenę chcemy uniknąć problemów żołądkowych. Makaron z tłustym sosem śmietanowym zamiast pomidorowego to fatalny wybór, jeżeli nie jesteś do niego przyzwyczajony. Jedz to, co znasz, i wybieraj restauracje, które odpowiadają twoim potrzebom.

Wskazówka

Pewnego razu wybrałem na ostatni porządny posiłek przed zawodami danie chińskie. Było pyszne, ale skutki tej decyzji męczyły mnie od startu aż do ostatniego kilometra! Wcześniej przez pół roku nie raczyłem się chińską kuchnią, ale ponieważ była to najbliższa restauracja od hotelu, w którym się zatrzymałem, pomyślałem, że to doskonały wybór. Przed kolejnym maratonem poświęciłem sporo czasu na wyszukanie jak najlepszego miejsca na posiłek.

Kolację poprzedzającą zawody należy spożyć stosunkowo wcześnie, żeby dać sobie dużo czasu na trawienie. Nie chcesz biec z makaronem zalegającym w żołądku. Im wcześniej zjesz – najlepiej koło piątej, szóstej po południu – tym lepiej. Zanim staniesz na starcie, odwiedź toaletę i, ładnie mówiąc, opróżnij porządnie swój układ trawienny.

Kluczem do sukcesu w zawodach jest poprzedzająca je kolacja, jednak wszystko to, co zjesz w ciągu trzech, czterech godzin przed startem, także odgrywa pewną rolę. Najczęściej trzeba wstać z łóżka wiele godzin przed rozpoczęciem biegu i nawet jeśli jedzenie jest ostatnią rzeczą, o której masz ochotę myśleć, musisz się jakoś pożywić. Jednym z najlepszych rozwiązań jest wypicie herbaty i zjedzenie tosta mniej więcej trzy godziny przed startem. Można go zastąpić bananem lub płatkami śniadaniowymi. Nie zapominaj o zasadzie unikania nowości. Każdy z produktów musisz dobrze znać – nawet dżem, którym posmarujesz tosta. W zależności od długości podróży oraz czasu oczekiwania na zawody zabierz ze sobą odpowiednią ilość jedzenia i wody. Wystartuj dobrze nawodniony, choć musisz uważać też, żeby nie wypić za dużo wody – litr w ciągu dwóch godzin poprzedzających start w zupełności wystarczy.

JAK SOBIE PORADZIĆ Z TREMĄ?

Brak tremy przed maratonem, szczególnie pierwszym w życiu, byłby bardzo dziwny. Zdenerwowanie to integralny element biegania w maratonach, a osobom biegnącym po raz pierwszy zwykle towarzyszy od chwili dostania się do zawodów aż do ostatniej ich minuty. W ostatnim tygodniu przed zawodami, a szczególnie podczas wizyty na targach, zdenerwowanie osiąga szczyt.

Stres często się pojawia, gdy nie wiemy, z czym mamy do czynienia i ustępuje, kiedy zapoznajemy się z sytuacją. Podobnie się dzieje w przypadku biegów maratońskich. Jak się dostać na start? Gdzie się ustawić na starcie? Czy wystarczająco dużo trenowałem? Czy dobiegnę ostatni? Skąd mam wiedzieć, którędy biec? Pytania te pojawiają się w głowie każdego nowicjusza i to całkowicie zrozumiałe.

Wskazówka
Po każdym kolejnym przebiegniętym maratonie byłem pewniejszy siebie i miałem mniej pytań. Stres to często po prostu przypływ adrenaliny, choć trudno je od siebie odróżnić – jest to jedna z rzeczy, które mogą uzależnić cię od maratonów tak jak mnie.

Więc jak sobie radzić ze zdenerwowaniem? Cokolwiek zrobisz, żeby się go pozbyć, i tak będzie ci towarzyszyć, ale nie ma w tym nic złego. Możesz jednak trochę zredukować stres, z korzyścią dla siebie i otaczających cię osób.

Znajdź kogoś, kto ukończył już wybrany przez ciebie maraton, i porozmawiaj z nim o trasie, żeby się uspokoić. Nie proś jednak o rady dotyczące treningu, bo zbyt wiele wiadomości na ten temat z różnych źródeł może tylko wprowadzić zamieszanie, szczególnie jeśli twój rozmówca nie jest wykwalifikowanym trenerem.

Znajdź jak najwięcej informacji o zawodach, zarówno w broszurach wysłanych przez organizatorów, jak i w internecie. Na stronach porządnych zawodów znajduje się wszystko, co chciałbyś wiedzieć przed startem. Przyłóż się do treningu! Wiele osób bardzo się denerwuje tylko dlatego, że nie trenowały wystarczająco dobrze. Słabe przygotowanie może negatywnie skutkować w trakcie zawodów i niewiele można zrobić, żeby temu zapobiec poza właściwym treningiem. Wykonaj rzetelnie plan treningowy, a nerwy nie będą dla ciebie problemem.

Wskazówka
W początkach mojej kariery maratończyka odkryłem, że bardzo pomaga odwiedzenie miejsca startu i przejście przez wybrane fragmenty trasy. Jeśli to tylko możliwe, spróbuj poznać trasę, którą zamierzasz pokonać.

ODPOWIEDNIA ILOŚĆ SNU

Może się okazać, że twój schemat snu ulegnie zmianie w trakcie treningu do maratonu; ma to związek z silnym stresem. Dla wielu osób maraton to największe wyzwanie, jakie podejmują w swoim życiu, i nie da się uniknąć pojawienia go w snach lub nawet koszmarach!

Często się zdarza, że już od pierwszych dni po potwierdzeniu naszego udziału przez cały okres treningu aż po ostatnią noc przed zawodami męczą nas bezsenne noce wypełnione myśleniem o tym ważnym dniu. Możesz doświadczać przeróżnych emocji, od marzenia o zwycięstwie, po koszmary o wbiegnięciu na metę jako ostatni uczestnik. Jest to powszechne zjawisko i nie ma się czym przejmować. Nieraz się zdarzy, że po ciężkim treningu będziesz zbyt zmęczony, by zasnąć, a obolałe mięśnie zmienią nocny odpoczynek w katorgę.

Niestety, nie ma dobrego lekarstwa na takie problemy poza wcześniejszym kładzeniem się spać, żeby nadrobić kilka potencjalnie bezsennych godzin. Po wyczerpującym biegu powieki same mogą ci się zamykać; w takiej sytuacji nie walcz ze zmęczeniem, tylko pozwól sobie na regenerującą drzemkę.

Stosunkowo wcześnie musisz się pogodzić z tym, że twoje nawyki związane ze snem mogą się zmienić – choć nie muszą – i że powinieneś wykorzystywać każdą okazję, aby odespać. W czasie trwania treningu staraj się także unikać długich nocnych wyjść, które tylko spotęgują problem.

CZY WARTO PÓJŚĆ NA MASAŻ?

W czasie treningu naprawdę warto zafundować sobie regularny masaż, który pomaga rozluźnić mięśnie oraz zidentyfikować miejsca zagrożone kontuzją. Nie ma jednak lepszej chwili na masaż niż tydzień przed maratonem. Twoje nerwy i napięcie osiągną szczyt, a nic nie relaksuje tak dobrze, jak godzinka w gabinecie masażu. Nie wybieraj klasycznego masażu – wybierz głęboki masaż sportowy, podczas którego mięśnie silnie się rozgrzewa, a nie uspokaja. Po masażu poczujesz się odnowiony i gotowy do biegu! Jednak jeżeli nigdy wcześniej nie miałeś wykonywanego masażu sportowego, nie decyduj się na to w tygodniu przed zawodami.

CO ZROBIĆ, JEŚLI ŹLE SIĘ CZUJESZ?

Jeżeli w ostatnim tygodniu przed maratonem źle się poczujesz, być może zostaniesz zmuszony do podjęcia trudnej decyzji o przełożeniu startu na kolejny rok. W Maratonie Londyńskim można przenieść swój start (pod warunkiem ponownego opłacenia miejsca), choć w przypadku startu z ramienia organizacji charytatywnej to ona zdecyduje jako właściciel miejsca startowego, czy wystartujesz z niego za rok.

Najważniejszą kwestią zawsze pozostaje twoje zdrowie. Udział w maratonie to olbrzymie wyzwanie i nie można tego lekceważyć. Jeśli nie czujesz się dobrze, wystartowanie jest po prostu niemądre i może się okazać dla ciebie niebezpieczne. Twoje serce zostanie poddane jeszcze większemu wysiłkowi, w efekcie mogą się pojawić powikłania. Decyzja o przełożeniu udziału w zawodach może się okazać niezwykle trudna, ale pamiętaj – zawsze możesz wystartować za rok. Co roku setki osób startują w maratonie, choć nie powinny i w większości przypadków jest to dla nich doświadczenie zupełnie inne, niż gdyby były w najlepszej formie. Zastanów się dobrze i podejmij najlepszą dla siebie decyzję.

10 NAJWAŻNIEJSZYCH PUNKTÓW

1. Jeżeli do tej pory się odpowiednio nie przygotowałeś, jest już za późno na przebiegnięcie kilku dodatkowych sesji.
2. Nie przekraczaj długości trwania ostatnich biegów wyznaczonych w planie treningowym, bo wpłynie to źle na twoją kondycję w dniu zawodów.
3. Nie próbuj nowych form sportu i polegaj tylko na sprawdzonym sprzęcie.
4. Unikaj chodzenia po targach i rejestrowania się w ostatnim dniu przed zawodami; zrób to najwcześniej, jak możesz.
5. Nie startuj w nowym, niesprawdzonym stroju.
6. Nie wprowadzaj żadnych zmian do swojej diety; trzymaj się produktów, które twój organizm dobrze zna.
7. Jeżeli masz taką możliwość, zapoznaj się z trasą zawodów przed dniem startu.
8. Trema to nic nadzwyczajnego – nerwy są integralną częścią biegu maratońskiego.
9. Pójdź na masaż sportowy – będzie to dobre przygotowanie dla twoich mięśni oraz relaks dla ciebie.
10. Zadaj sobie pytanie, czy czujesz się wystarczająco dobrze i czy przygotowałeś się odpowiednio do przebiegnięcia maratonu. Odpowiedz na nie uczciwie.

12
Twój wielki dzień

W tym rozdziale dowiesz się:

- **co robić w wieczór przed maratonem,**
- **co robić rano przed startem,**
- **jak ułożyć plan biegu,**
- **jak się cieszyć tym ważnym dniem!**

Na początek
Im lepiej się przygotujesz, tym większą radość będziesz miał ze startu w maratonie. Rano przed startem daj sobie na wszystko dużo czasu. Za wszelką cenę musisz unikać stresujących sytuacji.

Po miesiącach ciężkiego treningu liczy się przede wszystkim spokój. Wielki dzień nadszedł i czeka cię największe fizyczne wyzwanie w twoim życiu. Jeżeli odpowiednio trenowałeś, nie musisz się niczym martwić. Owszem, będzie ciężko, ale jeśli trzymałeś się planu, będzie to niezapomniany dzień. Jeśli źle się przygotowałeś, to też będzie niezapomniany dzień, ale z zupełnie innych powodów.

Jak będzie wyglądał twój wielki dzień, zależy w dużym stopniu od tego, jak wiele pracy włożyłeś w przygotowania. Dotyczy to również kilku godzin bezpośrednio przed startem oraz w czasie biegu. Można przeprowadzić książkowe przygotowanie, a potem wszystko zniszczyć w ciągu 24 godzin przed zawodami i zmienić potencjalnie cudowny dzień w katastrofę. Nie rozpraszaj się i do końca postępuj zgodnie z planem. Nerwy mogą na tym etapie odegrać znaczną rolę, ale nie pozwól im popsuć tak ważnej dla ciebie chwili!

WIECZÓR PRZED

Sen jest niezwykle ważny, a w ostatnim tygodniu musisz zapewnić go sobie mnóstwo. Możliwe, że ostatniej nocy myśli krążące wokół zawodów nie dadzą ci zapaść w głęboki sen. Możesz śnić o czymś przyjemnym lub mieć koszmary, ale najczęściej będą to sny związane z zawodami. Pamiętając o tym, dobrze jest zapewnić sobie porządny sen w czwartkową i piątkową noc przed startem. Wyśpij się na zapas, a brak snu ostatniej nocy nie będzie aż tak dokuczliwy.

WYBÓR HOTELU

Jeżeli noc przed zawodami spędzisz z dala od domu, upewnij się, że dobrze wybrałeś kwaterę. Nie decyduj się na pierwszą z brzegu ofertę, nawet jeśli zostawiłeś szukanie noclegu na ostatnią chwilę. Pokój przy hałaśliwej, ruchliwej ulicy może uniemożliwić porządny sen i zepsuć ci dzień zawodów.

Kiedy już zdecydujesz się na miejsce, powiadom recepcję, że biegniesz w maratonie, dlatego chcesz iść wcześnie spać i potrzebujesz cichego pokoju. Może się okazać, że choć znalazłeś przytulny hotel, umieszczono cię w skrzydle wychodzącym na tętniący życiem rynek lub w pobliżu głośnej klimatyzacji. Dobry wybór hotelu przyniesie same korzyści, natomiast zły może popsuć ci zawody.

PRZYGOTOWANIE STROJU

Nie odkładaj przygotowań na poranek przed zawodami. Zajmij się wszystkim wieczorem. Przygotuj wszystkie elementy stroju, przyczep numer do koszulki, a jeśli otrzymałeś chip do pomiaru czasu, przymocuj go do buta. Upewnij się, że numer jest dobrze widoczny oraz że po przypięciu go do koszulki nic nie obciera twoich sutków – nic nie sprawia większego bólu! Jeśli dostałeś chip do pomiaru czasu, przed przymocowaniem go do buta przeczytaj uważnie instrukcję. Znajdziesz tam rysunek z wyjaśnieniami – przyjrzyj się mu.

Sprawdź, czy masz wszystkie potrzebne medykamenty i zapakuj je do torby, którą weźmiesz ze sobą. Podstawą jest wazelina, więc jej nie zapomnij.

Przygotuj ubranie, które założysz rano. W większości lokalizacji poranek przed zawodami będzie chłodny, więc przed startem musisz założyć na siebie dodatkowe rzeczy. Zwykle w miejscu startu znajdują się duże busy bagażowe, które podjeżdżają na metę w przypadku, gdy trasa prowadzi od jednego punktu do innego (jak w Londynie czy Nowym Jorku) lub pozostają na miejscu, gdy trasa zatacza pętlę (jak w Chicago). Możesz w nich zostawić wszystkie rzeczy, w których nie biegniesz, i odebrać je po zawodach. Na niektórych imprezach, na przykład w Londynie, dostaje się firmową torbę, której trzeba użyć. Jeśli oddasz swoje rzeczy w innej torbie, nie zostaną przyjęte. To także musisz sprawdzić wcześniej niż w dniu zawodów. Odebrałeś już swoją torbę?

Wskazówka
Dobrze jest mieć ze sobą zapewniające ciepło stare ubrania lub plastikowy worek, których nie zostawiamy w torbie z innymi rzeczami, ale zabieramy na start. Pomiędzy oddaniem torby a sygnałem do startu upłynie sporo czasu, nie wolno wówczas dopuścić do wychłodzenia. Po sygnale zdejmij stare rzeczy lub worek i zostaw je przy drodze.

Takimi sprawami nie powinieneś się zajmować rano przed zawodami. Budząc się przed jednym z najważniejszych wydarzeń w twoim życiu, musisz mieć już wszystko przygotowane. Panika z powodu zgubionego ubrania to ostatnia rzecz, jakiej potrzebujesz na kilka godzin przed startem.

I nie zapomnij zabrać zegarka.

NASTAW CO NAJMNIEJ DWA BUDZIKI

Na tym etapie przygotowań nic już nie można pozostawić przypadkowi. W żadnym wypadku nic nie powinno teraz zależeć od innych osób. Przebyłeś długą drogę i nie możesz pozwolić, żeby ktokolwiek zniszczył to, nad czym tak ciężko pracowałeś. Dotyczy to zarówno dnia zawodów, jak i każdego innego. Dobrze jest zamówić budzenie, jeżeli twój hotel oferuje taką usługę, ale nie polegaj wyłącznie na nim. Nastaw budzik w telefonie i miej ze sobą przenośny budzik podróżny. Pamiętaj też o zmianie czasu.

Wskazówka
Wielu osobom zdarzyło się nie zdążyć na zawody tylko dlatego, że obsługa hotelowa nie obudziła ich o umówionej godzinie. Znam to również z własnego doświadczenia! Nie pozostawiaj kwestii budzenia innym, zajmij się tym sam. Sam nastaw swoje budziki i sprawdź je dwa razy.

Na większość maratonów trzeba wstać bardzo wcześnie. Jeśli start jest o 9:00, powinieneś być na miejscu przed ósmą, a nawet w przypadku krótkiej podróży na miejsce oznacza to, że musisz wstać około 6:30. Im dalej od miejsca startu, tym wcześniej musisz się zerwać i tym mniejszy masz margines błędu. Przed maratonem w Nowym Jorku autobusy dowożące uczestników na miejsce startu odjeżdżają z Manhattanu około 6:00, a w krajach o upalnym klimacie zawody mogą się rozpocząć nawet o 5:00 rano!

ŚNIADANIE W DNIU ZAWODÓW

Przeznacz odpowiednio dużo czasu przed zawodami na jedzenie i picie. Nie powinno to być nic dużego, ale musisz mieć czas na strawienie posiłku, zanim rozpoczniesz bieg. Pamiętaj, nie może to być nic, do czego nie jesteś przyzwyczajony, ani nic bardzo złożonego. Bezpieczny jest tost i herbata, banany, batoniki musli – ale tylko tej marki, którą sprawdziłeś na sobie. Jeśli nie masz ochoty pić nic ciepłego, wybierz wodę.

Uważaj, żeby nie zjeść za dużo. Obfite śniadanie na ciepło to zły pomysł, więc nawet jeśli masz na nie ochotę, musisz się powstrzymać. Zostań przy czymś lekkim i pamiętaj, że zapasy energii na zawody zgromadziłeś w czasie posiłków spożywanych dzień wcześniej. Jeżeli zadbałeś, żeby były odpowiednie, twój wynik będzie zdecydowanie lepszy.

Wskazówka
W ciągu kilku ostatnich godzin przed zawodami musisz zacząć się nawadniać, ale nie pij za dużo. Litr wody wystarczy i da ci pewność, że w chwili startu twój organizm jest porządnie nawodniony.

Zabierz na start wodę i przekąski na wypadek, gdybyś zgłodniał przed rozpoczęciem zawodów, ale powstrzymaj się od jedzenia z nudów. Jedz tylko to, do czego jesteś przyzwyczajony. Na tym etapie na pewno nie zaszkodzą ci banany.

DOJAZD

Długo przed dniem zawodów zaplanuj, w jaki sposób dostaniesz się na start. Organizatorzy dużych imprez dostarczą ci szczegółowe informacje o tym, jak najłatwiej dojechać na miejsce, ale będą one użyteczne tylko pod warunkiem, że uważnie się z nimi zapoznasz. Już na etapie przygotowań otrzymasz mnóstwo różnych wiadomości i musisz je sobie wszystkie przyswoić. Droga na linię startu największych maratonów może być bardzo różna. W Chicago linia startu znajduje się tuż obok największych hoteli w centrum miasta, więc wiele osób może do niej dojść w ciągu pięciu minut. W Nowym Jorku organizatorzy podstawiają autobusy, które przewożą 35 tysięcy uczestników na wyspę Staten Island. Maraton Londyński startuje z Greenwich Park, co dla większości uczestników oznacza konieczność dojazdu komunikacją miejską. Między centrum Londynu a parkiem kursują w dniu maratonu dodatkowe pociągi, a dokładne godziny odjazdów można znaleźć w broszurach wysyłanych wcześniej do uczestników. Przeczytaj wszystko uważnie.

Tysiące osób korzysta również z kolejki DLR*, którymi można dojechać do stacji Greenwich.

Wskazówka
Jak łatwo sobie wyobrazić, im wcześniej wyjedziesz, tym mniej zatłoczone będą pociągi i tym mniej zestresowany dotrzesz na miejsce. W Londynie po przybyciu na start możesz się odprężyć w parku, porządnie rozgrzać i cieszyć przyjemną atmosferą. Im później wyjdziesz z domu, tym gorzej. Nie ma nic gorszego niż jechanie na start w stresie.

Bez względu na to, jaki maraton wybierzesz, najlepiej jest pojawić się na starcie z godzinnym lub półtoragodzinnym wyprzedzeniem. W niektórych przypadkach może to być jeszcze wcześniej, na przykład w Nowym Jorku, bo wymagają tego organizatorzy; tak czy inaczej, nie krócej niż godzinę przed startem. Potrzebujesz czasu, żeby przygotować się do biegu psychicznie i fizycznie, a taki przedział czasowy zapewni ci tę możliwość.

Zawsze lepiej jest mieć trochę czasu w zapasie, niż przyjechać za późno. Uwzględnij potencjalne problemy z autobusami i odpowiednio dostosuj moment wyjścia z domu. Weź pod uwagę, że autobus może być przepełniony, nie zdołasz do niego wsiąść i będziesz zmuszony czekać na następny. Jeśli dojeżdżasz samochodem (czego nie polecam w przypadku dużych imprez), pamiętaj, że na miejscu czekają cię tłumy i problemy z parkowaniem. Jeżeli cokolwiek po drodze cię opóźni, będziesz na to przygotowany.

GODZINA PRZED

Jest to chyba najbardziej stresująca godzina w całym procesie przygotowań. Jesteś o krok od biegu, ale ciągle bardzo daleko od mety. Wszyscy wokół będą zdenerwowani i zniecierpliwieni czekaniem. Czym się wtedy zająć?

* Docklands Light Railway; system automatycznie sterowanych pociągów obsługujący obszar wschodniego Londynu.

Staraj się zachować spokój i nie pozwól, żeby zdenerwowanie wzięło górę. Łatwo powiedzieć, trudniej zrobić, ale musisz się z całych sił postarać i nie tracić opanowania.

Opróżnij pęcherz i jelita. Dobrze jest zabrać ze sobą papier toaletowy na wypadek, gdyby go zabrakło. Zwykle papier jest dostępny, ale lepiej być przygotowanym na wszystko. W okolicy linii startu znajduje się zwykle mnóstwo przenośnych toalet, do których kolejki wydłużają się w miarę zbliżania się godziny startu. Nie zwlekaj z wizytą w toalecie, bo może się okazać, że po sygnale do startu ty nadal stoisz w kolejce. Trzeba się dobrze nawodnić, ale w ostatniej godzinie nie pij wiele – inaczej na trasie będziesz myśleć tylko o tym, gdzie jest kolejna toaleta.

Około 45 minut przed startem trzeba oddać swoją torbę z rzeczami do pojazdu bagażowego. Znajdź ten, który odpowiada twojemu numerowi startowemu. Na większych zawodach otrzymasz naklejkę na torbę ze swoim numerem startowym. Przyklej ją porządnie. Po oddaniu rzeczy musisz zachować ciepło w mięśniach, wykorzystując stare ubrania lub plastikowy worek, które powinieneś zabrać ze sobą.

Zanim udasz się w wyznaczone miejsce startu, wykonaj delikatną rozgrzewkę i rozciąganie.

Wskazówka

Nie wykonuj żadnych nieznanych ćwiczeń rozciągających, które podpatrzysz u innego zawodnika. Przygotuj się tak, jak przed każdym długim biegiem. Nawet na tym etapie łatwo o kontuzję, a nie ma nic bardziej frustrującego.

Podczas każdego dużego maratonu zawodników przydziela się do stref startowych na podstawie przewidywanego czasu dobiegnięcia do mety. Podaje się go wcześniej na formularzu zgłoszeniowym. Do swojej strefy, która będzie wyraźnie oznaczona, musisz się dostać dobrze przed sygnałem startera. Zebranie w jednym miejscu 35 tysięcy ludzi nigdy nie jest proste, dlatego każdy powinien postępować zgodnie z określonym systemem. Nie przechodź do sąsiednich stref i nie zostawiaj szukania swojej na ostatnią chwilę. W Londynie większość zawodników ustawia się w swoich strefach 20, 30 minut przed startem.

To moment największych nerwów. Nie możesz już nic więcej zrobić, tylko czekać. Przygotowania zostały zakończone.

Wskazówka
Zachęcam, żeby rozejrzeć się wokół i cieszyć się tą niezwykłą chwilą. Porozmawiaj z innymi uczestnikami i poczuj atmosferę wspólnoty. Siedzicie w tym razem i ta świadomość może pomóc uspokoić nerwy.

Kiedy wreszcie pada strzał w dużym biegu takim jak londyński, na początku może nie być żadnego ruchu! Startuje tak wiele osób, że jeśli znajdziesz się z tyłu grupy, może minąć nawet 20 minut, zanim przekroczysz linię startu. To dziwna chwila. Wiesz, że czas już płynie, ale musisz być cierpliwy i czekać na swoją kolej. Nie martw się – twój chip służący do pomiaru czasu aktywuje się dopiero po przekroczeniu linii startu, a nie po strzale startera. Jednak zegary rozmieszczone wzdłuż trasy biegu będą podawać czas mierzony od strzału.

Przed przekroczeniem linii startu lub po usłyszeniu strzału, jak ci wygodniej, zdejmij ubranie lub worek utrzymujące ciepło i odrzuć je na bok trasy, starając się nikogo nie podciąć. Widok tysięcy osób jednocześnie zdzierających z siebie okrycia wierzchnie jest dość spektakularny. Wyrzucone ubrania są następnie zbierane przez organizacje charytatywne i możesz mieć pewność, że trafią w ręce potrzebujących.

Nie spodziewaj się, że po przekroczeniu linii startu od razu złapiesz własny rytm. Nadal musisz być cierpliwy. Minie parę chwil i zaczniesz biec w planowanym tempie. Wiele osób startuje z niewłaściwych stref i może minąć sporo czasu, zanim wszystko wróci do ustalonego porządku.

WYZNACZANIE CELU

Dobrze jest mieć jakieś założenia co do ewentualnego czasu ukończenia zawodów, ale nie należy poświęcać mu zbyt wiele uwagi. Normalne jest dobiegnięcie w czasie znacznie dłuższym niż przewidywany, który się ustala zazwyczaj na podstawie wyniku w najdłuższym dotychczasowym biegu. Mogły to być 32 km i założyłeś, że ostatnie 10 km pobiegniesz w takim samym tempie. Otóż nie. Ostatnie 10 km pobiegniesz znacznie wolniej, chyba że trenowałeś wyjątkowo dobrze i biegniesz w równym tempie ze sporym zapasem energii. To się zdarza naprawdę rzadko, więc jeśli wyznaczasz sobie czas, w jakim chcesz dobiec do mety, weź pod uwagę, że ostatnie kilometry będą znacznie wolniejsze od pierwszych.

Im bardziej przejmujesz się czasem na mecie, tym mniejszą czerpiesz radość z samego biegu. Jeżeli nie jesteś wybitnym biegaczem pragnącym poprawić swój życiowy rekord, nie przejmuj się czasem. Naturalnie, chcesz wypaść jak najlepiej, ale na pierwszym maratonie bardziej się liczy to, żeby było to dla ciebie miłe doświadczenie i żebyś miał ochotę wystartować w następnym. Jeśli ustalasz sobie cel, postaraj się, żeby był możliwy do osiągnięcia. Nie wpadnij w pułapkę przecenienia swoich możliwości i ścigania się przez całe zawody z nierealnym czasem. Daj sobie szansę!

MARATON

Pamiętaj – to bardzo ważne – żebyś przed startem ułożył sobie plan i się do niego stosował. W żadnym wypadku nie działaj pod wpływem innych osób ani na starcie, ani w trakcie biegu. Trzymaj się swojego planu, chyba że pojawią się nietypowe okoliczności.

➲ START

Zacznij powoli. Nie próbuj doganiać innych, bo wydaje ci się, że jesteś od nich bardziej wysportowany. Wielu osobom trudno jest pozbyć się zbędnych kilogramów, więc nie wyprzedzaj osoby biegnącej przed tobą tylko dlatego, że jesteś od niej szczuplejszy. Ta osoba może być w lepszej formie niż ty, mimo że na to nie wygląda. Biegnij tak, jak trenowałeś. Wolny początek pozwoli ci zachować energię i pomoże na kolejnych etapach. Jeśli wystartujesz za szybko, może ci zabraknąć energii na ostatnich trudnych kilometrach.

W czasie długich biegów wypracowałeś sobie tempo, które będziesz w stanie utrzymać na maratonie. Jeśli zmienisz tempo w dniu zawodów, możesz mieć kłopoty. Pilnuj stałego rytmu i nie przyspieszaj z powodu mijających cię grup biegaczy. Zachowanie stałego tempa na pustych drogach poza miastem jest stosunkowo łatwe, ale sytuacja się zmienia, kiedy dopingują cię setki tysięcy ludzi, a wokół biegnie mnóstwo zawodników. Tłum będzie cię zachęcać do przybijania piątek, wokół będą się rozlegać pełne zachęty okrzyki. Dobrze jest chłonąć atmosferę zawodów, ale trzeba też utrzymać zużycie energii na jak najniższym poziomie, więc uważaj i nie daj się ponieść emocjom.

Początkowy etap twojego pierwszego maratonu może być nieco mglisty. Trenowałeś tak ciężko i oto biegniesz wśród tysięcy ludzi, twoje zmysły są bombardowane otaczającymi widokami i dźwiękami. Możliwe, że zapomnisz o swoim planie zawodów i zaczniesz biec zdecydowanie za szybko. Musisz mieć tego świadomość, nie daj się porwać ogólnej ekscytacji. Zachowaj kontrolę. Trudno jest opisać atmosferę dużej imprezy, takiej jak maraton w Londynie czy Nowym Jorku, i absolutnie nic nie może cię na to w pełni przygotować. Możesz jedynie pogodzić się z tym, że będzie to porażające doświadczenie, i postarać się, by na początkowym etapie nie wpłynęło to znacznie na tempo twojego biegu.

Po kilku kilometrach większość osób znajdzie własny rytm, a ciśnienie związane z wyprzedzaniem i byciem wyprzedzanym minie. Ludzie będą się jeszcze trochę wymieniać, bo jedni męczą się szybciej, a inni później, ale po mniej więcej 10 km trasa ustabilizuje się. W tym czasie będzie ci już łatwiej biec we własnym tempie i przyzwyczaisz się trochę do rzeczy, które na początku tak bardzo cię rozpraszały. Atmosfera nadal będzie niesamowita, tłumy będą wiwatować, a z pubów będzie docierać głośna muzyka na żywo, jednak zdążysz się już z tym wszystkim zapoznać i będziesz mógł się skupić na biegu.

➲ TEMPO I CZAS

Jeżeli nie używasz zegarka lub zapomniałeś zabrać go z domu, nie przejmuj się, bo podczas dużych imprez na trasie po każdej mili umieszczony jest oficjalny zegar zawodów. I choć wskazuje czas płynący od momentu wystrzału startera, a nie przekroczenia przez ciebie linii startu, to jest to dobra wskazówka, dzięki której wiesz, ile zajmuje ci przebiegnięcie każdej mili. Zerkaj na zegar, ale nie poświęcaj mu za dużo uwagi. Staraj się utrzymać stałe tempo, bądź konsekwentny. Nie zmieniaj tempa bez potrzeby i pamiętaj, że masz przed sobą naprawdę ciężkie zadanie do wykonania.

Zbliżając się do połowy zawodów, upewnij się, że nie biegniesz w tempie na półmaraton. Biegnij znacznie wolniej. Po ukończeniu półmaratonu powinieneś czuć się tak, jakby nie zostało ci już wiele energii, dać z siebie wszystko przed metą. Po przebyciu połowy maratonu powinieneś mieć mnóstwo energii. Druga połowa będzie zdecydowanie trudniejsza i musi ci na nią starczyć sił. Podniecenie i euforia z pierwszej godziny zawodów mogą teraz dać ci się we znaki, ale nie poddawaj się.

➲ TRYUMF DUCHA NAD CIAŁEM

Kiedy rozpoczniesz drugą połowę maratonu, twój umysł może zacząć płatać ci figle. Od tej pory twoja psychika liczy się bardziej niż przygotowanie fizyczne. Aż do mety będziesz toczyć bezustanną walkę ze sobą i musisz być na to gotowy. Jeśli trenowałeś prawidłowo i wiele razy biegałeś na długich dystansach, najpewniej znasz już to uczucie i umiesz sobie z nim radzić. Jeśli nie, wkraczasz na nieznane terytorium.

Wskazówka
W drugiej połowie maratonu ma się wrażenie, że w głowie znajdują się dwa głosy: jeden namawia cię, żebyś się zatrzymał i odpoczął, drugi – żebyś biegł dalej. Nie słuchaj głosu negatywnego, szczególnie w okolicach najtrudniejszego odcinka pomiędzy 25. a 28. km.

Jeśli jesteś zmuszony maszerować, zrób to, ale staraj się iść jak najszybciej. Niektórzy od początku przyjmują strategię naprzemiennego biegania i chodzenia, jednak większość zawodników zaczyna iść dopiero wtedy, gdy fizycznie nie są już zdolni biec. Staraj się, żeby odcinki marszu nie trwały dłużej, niż potrzebujesz, w przeciwnym razie możesz spędzić na nogach znacznie więcej czasu, niż planowałeś.

Na tym etapie twój nastrój ulegnie pogorszeniu, a motywacja gwałtownie spadnie. Musisz szukać głęboko i przetrwać trudne chwile. Naturalnie, jeżeli nie trenowałeś wystarczająco ciężko, negatywne odczucia będą spotęgowane. Oto dotarłeś do ściany. Ściana to popularne wśród maratończyków określenie sytuacji, kiedy zawodnik dosłownie nie ma już więcej energii i opada z sił. Biegniesz już od co najmniej trzech godzin, może nawet dłużej, i nagle czujesz, że już dalej nie dasz rady. Zapasy glikogenu w twoim organizmie zostały prawie całkiem wyczerpane i jeśli twój trening nie był odpowiedni, w tym momencie najbardziej to odczujesz. Zjawisko to można osłabić, spożywając przed zawodami mnóstwo węglowodanów oraz trzymając się dobrego planu treningowego. Jeśli zadbasz o te dwa elementy, być może nigdy nie dotrzesz do ściany i będziesz się zastanawiać, o co właściwie tyle krzyku.

➲ OSTATNIE KILOMETRY

Na największych imprezach maratońskich, jak w Londynie czy Nowym Jorku, tłumy widzów na ostatnich kilometrach będą ogromne, a ich doping odegra istotną rolę w dotarciu do mety. Po minięciu 32 km wkraczasz na nowy teren. Większość planów treningowych dla osób początkujących zakłada, że najdłuższy bieg to właśnie około 32 km, więc zbliżając się do tego dystansu, odkrywasz nowe ziemie. Umysł będzie cię poddawał kolejnym próbom i zaczniesz się zastanawiać, czy dasz radę. Tu właśnie pojawia się rola dopingu. Tłum będzie zachęcać cię okrzykami do dalszego biegu i ten entuzjazm udzieli się również tobie. Przez cały bieg odhaczasz sobie w głowie kolejne pokonane kilometry, szczególnie pod koniec zawodów. Po przekroczeniu 32. km wstąpią w ciebie nowe siły i nagle się okaże, że zostały ci już tylko trzy, cztery kilometry.

To właśnie wtedy dociera do ciebie, że dobiegniesz do mety. Nagle odzyskujesz siły i czerpiesz przyjemność z reszty zawodów. Widzowie cały czas dodają ci energii, zaczynasz odczuwać niezwykle silne emocje. Wiele osób biegnących po raz pierwszy uroni w tym momencie kilka łez, szczególnie w okolicach ostatniego kilometra. Wszystko wokół znowu zaczyna się kotłować jak na starcie, gdzie mozaika dźwięków i obrazów niemal zwaliła cię z nóg. Nie można tego z niczym porównać. Nic nie przygotuje cię na ostatnie chwile wielkiego maratonu. Trenując, próbuj sobie wizualizować tę część zawodów. Wyobrażenia tego, jak przebiegasz obok pałacu Buckingham w Londynie lub przez Central Park w Nowym Jorku, pomogą ci przetrwać ciemne, zimne i deszczowe wieczory programu treningowego. Każdy potrzebuje inspiracji do treningu, a nic nie motywuje lepiej niż myśli o dotarciu do mety pierwszych dużych zawodów. Absolutnie nic.

Przekroczenie linii mety oznacza, że spełniłeś swoje marzenie i możesz cieszyć się tryumfem. Postaraj się wchłonąć jak najwięcej tej podniosłej atmosfery.

JEDZENIE I PICIE

W czasie treningu nauczyłeś się, jak przyjmować wodę podczas biegu i przyzwyczaiłeś swój organizm do napoju izotonicznego, który będzie rozdawany podczas wybranego przez ciebie maratonu. Taką przynajmniej mam nadzieję.

Odpowiednie nawadnianie i odżywianie to podstawy udanego biegu maratońskiego. Nie ma żadnej magicznej formuły, ale istnieją wytyczne, którymi należy się kierować. Przy każdej stacji odświeżania należy napić się wody, ale nie za dużo. Co to znaczy za dużo? Prawidłowa ilość to kilka łyków co 1,5 km. Nigdy nie czekaj z piciem, aż poczujesz pragnienie. To uczucie oznacza, że jesteś już odwodniony. Mogą się pojawić problemy. Stacje na dużych imprezach są rozciągnięte na długości 200, 300 m, więc unikaj tłumu i biegnij zawsze na koniec stacji, gdzie będzie najmniej ludzi, i stamtąd pobierz wodę. Najczęściej podaje się ją w odkręconych butelkach, czasem też w kubkach, co może sprawiać pewne trudności. Weź kilka łyków i odrzuć butelkę lub kubek na bok, upewniając się najpierw, że nie trafisz innego zawodnika. Nawadniaj się w ten sposób przez całe zawody. Przyjmuj niewielką ilość płynu, ilekroć nadarzy się okazja. Niektórzy zabierają też butelkę z piciem ze sobą jako swego rodzaju zabezpieczenie. Nie ma w tym nic złego, trzeba jedynie pamiętać, żeby popijać tylko kilka dodatkowych łyków, a nie całą butelkę.

Na każdej dużej imprezie w punktach odświeżania dostępne są również napoje izotoniczne, choć nie na każdej stacji. Najczęściej oferowane są mniej więcej co 5 km i po jakimś czasie zaczniesz o nich myśleć jak o wybawieniu. Pamiętaj, żeby trenując, pić konkretną markę napoju, który będzie podawany na twoich zawodach. W Londynie jest to na przykład Lucozade Sport i należy przyzwyczaić się właśnie do tego produktu – nie podobnego, ale tego samego. To nie jest chwyt marketingowy. Każdy napój zawiera nieco inne składniki, a nieprzyzwyczajony do nich żołądek może sprawiać problemy! Im częściej trenujesz z danym produktem, tym lepiej się do niego przyzwyczaisz. Niezależnie od tego, który maraton wybierzesz, dowiedz się, jaki napój będzie oferować, i trenuj z nim przez kilka tygodni przed zawodami. Przyjmując napój izotoniczny, zawsze popijaj go niewielką ilością wody, żeby go rozcieńczyć. W ten sposób zmniejszysz potencjalne oddziaływanie produktu na twój żołądek, nie zmniejszając ilości przyjmowanej energii.

Żele energetyczne to kolejne przydatne źródło energii, na którym polega wiele osób, szczególnie na ostatnim etapie zawodów. Zwykle nie są dostępne na trasie, więc trzeba je zabrać ze sobą. Możesz umieścić saszetki w specjalnym pasku do biegania, choć musisz wcześniej sprawdzić, jak ci się biega z paskiem – nie każdemu to odpowiada. Żele to skoncentrowane węglowodany, które należy rozcieńczyć wodą. Mogą znacznie poprawić zapasy energii i pomóc ci uniknąć efektu ściany. W czasie maratonu powinieneś spożyć maksymalnie cztery–pięć saszetek żelu, nie więcej. Większa ilość może źle wpłynąć na twój żołądek.

Na każdej imprezie może się zdarzyć, że widzowie będą ci proponować słodycze lub owoce. Bywają momenty, kiedy taki podarunek jest spełnieniem twoich marzeń, ale musisz zachować ostrożność, szczególnie w przypadku produktów już odpakowanych. Nigdy nie wiesz, co tak naprawdę zjadasz, a każda negatywna reakcja twojego układu trawiennego może zakończyć udział w zawodach. Bądź rozsądny i podejmuj mądre decyzje. Jeśli ktoś daje ci szczelnie zapakowanego cukierka, który pomoże ci odzyskać siłę, poczęstuj się, ale jeśli masz jakiekolwiek wątpliwości – odmów.

Jeżeli uznasz, że nie wytrzymasz czterech czy pięciu godzin biegu bez jedzenia i że woda oraz napoje energetyczne nie wystarczą, musisz zabrać jedzenie ze sobą. Do paska możesz zapakować żele, cukierki i batoniki. Jeżeli czujesz, że należysz do tej grupy, kup sobie pasek do biegania wcześniej i się do niego przyzwyczaj.

Zadbaj o prawidłowe odżywianie i nawodnienie, a znajdziesz się na drodze do sukcesu.

DZIEŃ IDEALNY

W dniu zawodów musisz pamiętać o tak wielu rzeczach, że możesz się zastanawiać, czy dasz sobie ze wszystkim radę. Odpowiedź brzmi: oczywiście, że tak. Twoje nogi dadzą radę, bo odpowiednio trenowałeś; twój żołądek da radę, bo masz dobry plan żywienia na dzień zawodów; twój umysł też da radę, bo wyrobiłeś w sobie psychiczną siłę niezbędną do podjęcia takiego wyzwania. Na twojej drodze zapewne zdarzy się kilka potknięć, fizycznych i psychicznych, ale jeśli się nie poddasz, przeżyjesz przygodę swojego życia.

Podsumowując, musisz się przygotować do dnia zawodów jak do żadnego innego. W tym wszystkim chodzi o ciebie, musisz więc skupić wszystkie myśli na jednym celu i skoncentrować się wyłącznie na sobie. Trzymaj się swojego planu i nie sugeruj się tym, co robią inni wokół. Przed zawodami nie próbuj niczego nowego – niech cię nawet nie kusi!

Bądź skoncentrowany na swoim celu, a zapewnisz sobie idealny dzień.

10 NAJWAŻNIEJSZYCH PUNKTÓW

1. Wyśpij się porządnie co najmniej przez dwie noce w tygodniu poprzedzającym maraton.
2. Wszystkie elementy stroju przygotuj sobie wieczorem, żeby czekały na ciebie rano; nastaw co najmniej dwa budziki.
3. Daj sobie mnóstwo czasu na dotarcie na miejsce – tłumy mogą być większe, niż przewidujesz.
4. Odwiedź toaletę na krótko przed zawodami, ale pilnuj, żeby nie było za późno.
5. Chłoń atmosferę zawodów, nie pozwól się zdekoncentrować.
6. Jedz i pij tylko to, do czego przyzwyczaiłeś się podczas treningu.
7. Nie kieruj się tym, co robią inni – trzymaj się własnego planu zawodów.
8. Przy każdej stacji wypij niewielką ilość wody.
9. Unikaj przyjmowania jedzenia i picia od widzów, chyba że jest to absolutnie konieczne.
10. Skup się na swoim zadaniu, a przeżyjesz wspaniały dzień.

13

Z życia wzięte – Sue Thearle, prezenterka TV

W tym rozdziale dowiesz się:
- **że biegi maratońskie są dla każdego,**
- **że można dostosować pracę i obowiązki domowe do treningu,**
- **że kontuzja może przerwać trening.**

Na początek
Od razu powiedz jak największej liczbie osób, że startujesz w maratonie. Im więcej ludzi o tym wie, tym trudniej ci będzie się wycofać!

POCZĄTEK

Od chwili, kiedy wiadomość pojawiła się w mojej skrzynce, wiedziałam, że szykują się kłopoty. Napisał do mnie Tim Rogers, stary znajomy, który prowadzi stronę internetową o bieganiu. Nie rozmawialiśmy od lat, dokładnie od dwóch, a tu nagle, ni stąd, ni zowąd, zaprosił mnie na lunch. Zaczęłam wietrzyć podstęp i utwierdzać się w przekonaniu, że wkrótce padnę ofiarą ataku. Siedział przed swoim komputerem i złowieszczo szczerząc zęby, pisał: „Mam dla ciebie wyzwanie...". Instynkt podpowiadał mi najgorsze. Nikt nie zaprasza cię na lunch tylko po to, żeby zaoferować ci coś ciekawego, chyba że chce od ciebie czegoś w zamian. Ale czego mógł chcieć? Co takiego 37-letnia prezenterka sportowa, w dodatku z lekką nadwagą, matka małego dziecka, mogłaby oferować człowiekowi, który jest guru w świecie biegania? Coś nagle zaskoczyło w mojej głowie. O nie, będzie chciał, żebym przebiegła maraton, cholerny maraton. Tylko nie to! Położyłam palce na klawiaturze. Mogłam odmówić. Mogłam napisać, że jestem bardzo zajęta, co byłoby wiarygodne ze względu na pracę i hałaśliwego szkraba w domu. Jednak mimo lekkiego ataku paniki musiałam przyznać, że Tim trafił tym e-mailem w czuły punkt. Odpisałam więc: „Nie mogę się doczekać", osunęłam się na fotelu i ze smutkiem utkwiłam wzrok w swoim obwisłym brzuchu.

Znam Tima od zawsze – czyli od czasów, kiedy byłam osiemnastolatką z kiepską fryzurą (efekt źle dobranej lekkiej trwałej) i jeszcze większą pupą niż ta, którą mam obecnie. Tim jest uroczym człowiekiem i świetnym kumplem. Jedynym jego minusem, jeśli można to tak nazwać, jest obsesja ćwiczeń. Przebiegł milion maratonów (no, właściwie to ponad sześćdziesiąt, łącznie z jednym na biegunie południowym) i zawsze skrycie się obawiałam, że któregoś dnia postanowi wciągnąć mnie w wir biegów długodystansowych.

Zanim nazajutrz wykręciłam jego numer, właściwie zrobiło mi się trochę niedobrze. Po dziesięciominutowej wymianie uprzejmości wyczułam, że nadeszła chwila prawdy. Jakby od niechcenia rzuciłam: „Więc co to za wyzwanie masz dla mnie?". Utkwiłam wzrok w ścianie i czekałam...

„A więc – zaczął Tim – wiesz, że w ramach mojej strony o bieganiu współpracuję z różnymi organizacjami charytatywnymi. Jedna z nich poprosiła, żebym zebrał grupę gwiazd, które pobiegłyby w tegorocznym maratonie". Szlag! „Wspomniałem o tobie i uznali, że będziesz doskonała. Miałabyś ochotę?". Równie wielką, jak na łyk trucizny. „Na pewno dałabyś radę". Na pewno nie. „Sue, jesteś tam jeszcze...?". Cała moja odwaga wymknęła się po cichu przez nogawki rozszerzanych spodni, więc resztką sił odparłam: „No cóż, po pierwsze, nie jestem żadną gwiazdą. A po drugie, nie przebiegnę więcej niż trzy kilometry. Więc, hm, NIE!" – wykrzyknęłam nieco piskliwie. Miałam kilka wymówek, jak mniemałam całkiem niezłych. „Wiesz, mam teraz dziesięciomiesięczną córeczkę i w ogóle nie mam wolnego czasu". Nieźle, tak trzymać. „Poza tym pracuję i co najmniej raz w tygodniu muszę być na nogach od 4:30 rano. Mam też męża, własne życie, znajomych i dwa koty Brucie i Tarby (bardzo towarzyskie bestie). Jak miałabym to wszystko pogodzić z treningiem – pomijając to, że nigdy w życiu nie uda mi się przebiec 42 km?". Doskonale. To nie pozostawia pola do dyskusji. Jesteśmy w domu. Czułam, że zwyciężyłam. „A co najważniejsze – postanowiłam na koniec zagrać pod publiczkę – nie mam sylwetki dobrej do biegania" – a w myślach dodałam: „I mam tyłek wielkości Norwegii, biodra zaprojektowane do rodzenia dzieci oraz uda jak u mamuta".

„Ależ oczywiście, że dasz radę – odpowiedział natychmiast. – Pomogłem już wielu osobom takim jak ty przebiec maraton. Chodzisz na siłownię i biegasz, więc masz już za sobą naprawdę dobry początek. Musisz tylko dać sobie trochę czasu i uważać na kontuzje, ale jest to w pełni do zrobienia – naprawdę".

Chryste, teraz będę musiała się z nim kłócić, pomyślałam ze smutkiem. Na szczęście Tim miał lepszy pomysł. Powiedział, że wspomnianą fundacją charytatywną jest Help the Hospices, i wyjaśnił mi, na co konkretnie będą zbierane pieniądze, po czym pozwolił mi przespać się z tym wszystkim i umówiliśmy się za dwa tygodnie.

Byłam podekscytowana. Tak naprawdę kilka razy zdarzyło mi się myśleć o maratonie. Podobała mi się myśl, że mogłabym przebiec tak duży dystans, ale w głębi duszy nie wierzyłam, że mogłoby mi się udać. Zawsze myślałam, że długodystansowcy mają jakiś specjalny zestaw genów, bo nie wyobrażałam sobie, jak można biec kilometr za kilometrem, godzinę za godziną. Podziwiałam takich ludzi i po cichu marzyłam, by być jedną z nich, dlatego propozycja Tima tak bardzo mnie zaintrygowała. To była doskonała okazja, żeby wrócić do formy po urodzeniu dziecka.

Po narodzinach córeczki zostało mi około pięciu zbędnych kilogramów, a tu pojawiła się okazja, żeby trenował mnie facet, który (w tamtym momencie) miał na koncie udział w ponad sześćdziesięciu maratonach. O treningu wiedział wszystko i nie miałam wątpliwości, że będzie świetnym nauczycielem. Zbliżały się też moje 38. urodziny. OK, nie byłam staruszką, ale też nie nastolatką, więc jeśli kiedykolwiek miałam wziąć udział w zawodach, to była najlepsza pora. I w końcu wspomniana organizacja miała dla mnie duże znaczenie. Jeden z moich przyjaciół spędził ostatnie dni swojego życia w hospicjum. W takich miejscach pracują wspaniali ludzie, którym teraz mogłam i chciałam pomóc. Wiedziałam, że nie będzie łatwo. Tak naprawdę czekał mnie koszmar godzenia treningu z pracą i opieką nad dzieckiem, do tego było to wyzwanie fizyczne, ale nie ma rzeczy niemożliwych. Musiałam się tylko doskonale zorganizować i wypełnić ściśle plan treningowy.

Tocząc wewnętrzną walkę z samą sobą, miałam nieustające wrażenie, że wokół pełno jest pięknych ludzi biegających bez wysiłku po ulicach Londynu. Podskakując lekko, drwili z mojego ciężkiego kroku, uśmiechając się przy tym z oślepiającym blaskiem białych zębów. Nigdzie ani jednego zasapanego grubasa. Wkurzało mnie to. Zanim ponownie spotkałam się z Timem w połowie września, czułam się kompletnie skołowana. Na szczęście przez trzy godziny naszej rozmowy Tim całkowicie ignorował moje rozchwiane emocje. Genialnie to rozegrał. Na początek opowiedział mi o znajomej, która poprosiła go o pomoc w treningu. Była to namiętna palaczka papierosów w rozmiarze 42, która nigdy w życiu nie przebiegła nawet kilometra. Nie znosiła ćwiczyć, a bieżnia miała być dla niej jedynie antidotum na nieudany związek. Okazało się, że jej pierwszy trening z Timem w ogóle nie polegał na bieganiu. Zaczęli od dziesięciominutowego marszu, po którym z trudem łapała oddech. Oczywiście musiała rzucić palenie, co też uczyniła, i wkrótce treningi zaczęły jej się podobać. Powoli zmierzali ku bieganiu. Metodą małych kroków doszli do 15-, 20-minutowych treningów. Po jakimś czasie była w stanie biec przez godzinę i zrzuciła 6 kg. Wzięła udział w biegu Great North Run* oraz w innym półmaratonie. Przygotowywała się do Maratonu Londyńskiego i wiele razy dziękowała Timowi za to, że odmienił jej życie. Chryste, czułam się jak bohaterka telewizyjnej metamorfozy. Pod koniec tej podnoszącej na duchu anegdoty na stół wjechała porcja frytek. „Węglowodany" – zażartowałam słabo i polałam je ketchupem.

Tim zaczął mówić o mnie. Kwestia pogodzenia treningu z natłokiem obowiązków naprawdę mnie martwiła. A poza tym nadal nie byłam przekonana, że dam radę. Argumenty Tima były przekonujące. Wyjaśnił mi, jak mam się do tego zabrać. Miał ze sobą plan treningu dla początkujących. Był to plan 25-tygodniowy, miałam więc mnóstwo czasu, żeby wszystko dobrze przemyśleć i podjąć decyzję. Chyba największym wyzwaniem była dla mnie przepaść pomiędzy bieganiem do 5 km dwa lub trzy razy w tygodniu na siłowni, a przebiegnięciem nagle 42 km. Tim podkreślał, że postęp będzie stopniowy oraz że mam wiele miesięcy na przejście od biegania dla przyjemności do maratonu. Najważniejsze jednak było przesłanie, że jestem w stanie to zrobić.

---

* Półmaraton organizowany w Wielkiej Brytanii.

Przyznaję, że bardzo mnie to wszystko intrygowało. Kiedy człowiek jest związany z branżą sportową, wszyscy automatycznie zakładają, że jest wysportowany – i muszę skromnie przyznać, że tak właśnie jest w moim przypadku. Nieźle gram w piłkę nożną, hokeja, tenisa. Grałam w licealnej drużynie hokeja, która zdobyła mistrzostwo powiatowe, i dobrze sobie radziłam w drużynie piłkarskiej Millwall Lionesses. Dotarłam do trzeciej rundy mistrzostw w tenisie na trawie w Perranporth w 1982 roku, można więc uznać, że niewiele dzieliło mnie od zwycięstwa. Chętnie gram też w golfa, więc koordynację ruchową mam opanowaną.

Ale lekkoatletyka to zupełnie inna historia

Ze względu na moje zamiłowanie do sportu nauczyciele z góry zakładali, że będę dobra w dyscyplinach lekkoatletycznych i na nie próbowali mnie ukierunkować. Niestety, szybko wychodził na jaw brak zawrotnej szybkości – jednym z większych upokorzeń był wynik 43 s na 200 m doprawiony upadkiem tuż po starcie. Następnie przyszła pora na inne konkurencje, w których szło mi jeszcze gorzej. Odkryłam w sobie pewne zdolności jako oszczepniczka, co nawet mi odpowiadało, bo wszyscy kochali wówczas Tessę Sanderson i Fatimę Whitbread. Niepokoiło mnie, że całkiem dobrze rzucałam dyskiem. To już nie było fajne. Ta konkurencja była wówczas zdominowana przez postawne zawodniczki z Europy Wschodniej tak nafaszerowane sterydami, że przypominały facetów – i to całkiem sporych facetów z zarostem, którego nie powstydziłby się bohater serialu „Magnum". Jakoś mnie do tego nie ciągnęło. Tak więc biegi długodystansowe nigdy nie zagościły w mojej sportowej karierze, czego zawsze żałowałam. Bieganie zawsze kojarzyło mi się ze smukłymi, gibkimi ślicznotkami, które mkną po bieżni niczym sarenki. W czasie biegu nawet lubię tak o sobie myśleć, tylko że mniej więcej po 400 m robię się czerwona na twarzy i wyglądam bardziej jak polany tłuszczem kartofel.

Wszystkie te myśli zniknęły, kiedy Tim zaczął mnie przekonywać, że mam spore szanse na sukces. Pobieżnie przejrzałam plan treningów. Pierwsze tygodnie wyglądały w porządku i uznałam, że mogłabym dojść do tygodnia ósmego czy dziewiątego bez większego wysiłku. Był to rzeczywiście plan dla kompletnych nowicjuszy napisany z myślą o kimś, kto nigdy wcześniej nie biegał, i to podniosło mnie na duchu. Ale kiedy tylko spojrzałam, co się dzieje po dziesiątym tygodniu, wystraszyłam się. Zorientowałam się, że niektóre dłuższe wybiegania mogą trwać nawet ponad trzy godziny. Zrobiło mi się słabo. Wszystkie wątpliwości powróciły ze zdwojoną siłą. Jakim cudem mam przebiec aż tyle? Co ja sobie myślałam? To był jednak głupi pomysł i miałam ochotę podrzeć cały ten plan treningowy na oczach Tima. Ale nie podarłam. Stwierdziłam, że najlepiej będzie pojechać na urlop i wszystko przemyśleć. Zamierzałam pobiegać trochę na wyjeździe i sprawdzić, jak mi idzie. Jeśli dobrze, spróbuję przebiec maraton. Jeśli źle – rezygnuję. Razem z mężem zaczęliśmy regularnie biegać w czasie, gdy jego rodzice czuwali nad małą Holly w trakcie jej porannej drzemki. Udało się bez problemu. Wybrzeże w okolicy Barmouth jest tak piękne, że bieganie zaczęło sprawiać mi przyjemność. Nasza trasa miała ponad 2 km, co w obie strony odpowiadało mniej więcej moim zwyczajowym 5 km na siłowni. Jednak pod koniec tygodnia nabrałam takiej pewności siebie, że postanowiłam przebiec 8 km.

Mój mąż Scott jest jedną z tych irytujących osób, które wydają się stworzone do biegania. Ma budowę idealną dla długodystansowca – szczupłe nogi i doskonale wyrzeźbione pośladki sprawiają, że w czasie biegu wygląda jak gazela. Rozumiał, że ta próba jest dla mnie bardzo ważna. Postanowiłam, że jeśli zdołam przebiec te 8 km, to przebiegnę maraton. Nie wiedziałam do końca dlaczego, ale tak właśnie czułam. Scott zgodził się, żebyśmy zrobili próbę następnego ranka, więc położyłam się spać pełna obaw i wątpliwości. Wiedziałam, że już się nie wycofam, ale ciągle martwiłam się brakiem talentu do biegania. Jak niezbyt mile, aczkolwiek całkowicie szczerze opisał to mój mąż, biegałam potwornie wolno. On sam mógł przebiec trasę dwa razy, a i tak by mnie dogonił. W czasie tamtych porannych treningów wyprzedziłby mnie nawet spacerujący żwawiej emeryt. To dlatego nigdy nie chciałam biegać. Jednak zbliżając się do czterdziestki, zaczęłam myśleć, że nadszedł czas to zmienić.

Słoneczny piątkowy poranek wydawał się idealny na lekki bieg. Wstałam wcześnie i po śniadaniu pokazałam Holly trasę, którą mamusia miała dzisiaj pobiec. Pogaworzyła z aprobatą, tak mi się przynajmniej zdawało. Nie wyobrażacie sobie, ile razy próbowałam znaleźć wymówkę. O 9:00 wydawało mi się, że wypadł mi dysk, o 9:15 byłam pewna, że boli mnie kostka, a o 9:30 poczułam, że bierze mnie choroba. Było to związane z czymś, co dziś uważam za podstawę sukcesu w bieganiu – pozytywnym nastawieniem. Oczywiście, ja go nie miałam i właśnie dlatego dopadła mnie hipochondria. Bez powodzenia wyszukując przypadłość na tyle poważną, by zrezygnować z biegu, punkt 10 zawiązywałam buty, spoglądając ze smutkiem w kierunku morza.

Bardzo chciałam, żeby mi się udało, a jednocześnie nie mogłam wyzbyć się przekonania, że jednak się nie uda. To nie było przyjemne uczucie. Mąż był dla mnie bardzo miły i chyba rozumiał mój brak pewności siebie. Próbował mnie zagadywać w drodze na trasę i zanim się obejrzałam, zaczęłam biec.

Teraz wiem, że zachowywałam się jak na linii startu w biegu olimpijskim na 100 m. W moim małym świecie było to podobne wyzwanie i choć po tych 8 km nie czekał na mnie złoty medal, ten bieg znaczył dla mnie równie dużo. Kolejna godzina była walką, którą jednak wygrałam i tylko to się liczyło. Bieg zajął mi nieco ponad godzinę i pod koniec rozbolało mnie ścięgno Achillesa, ale było to dla mnie historyczne osiągnięcie. Cieszyło mnie, że z punktu widzenia możliwości fizycznych taki dystans nie stanowił dla mnie problemu. Wręcz zaskoczyło mnie, jak łatwo mi poszło. Moim problemem okazało się nastawienie psychiczne i to z nim musiałam sobie radzić przez kolejnych sześć miesięcy. Trudno jest opisać uczucie spełnienia pod koniec naszej małej eskapady. Pamiętam, że spojrzałam na morze z uczuciem lekkiej euforii, wiatr sypnął mi piaskiem prosto w oczy i po chwili natrafiłam stopą na pokaźnych rozmiarów psią kupę. Może to wydaje się głupie tak się ekscytować krótką przebieżką wzdłuż plaży, ale dla mnie było to o wiele więcej. W ciągu niewiele ponad godziny dowiedziałam się czegoś o sobie, swoim ciele i swoich możliwościach. Krótko mówiąc, to było dla mnie niczym objawienie. Kiedy dotarłam do przystanku autobusowego, który wyznaczał koniec mojej trasy, Scott objął mnie czule i powiedział, że jest ze mnie bardzo dumny. Mogłam wówczas zalać się łzami radości i ulgi, ale nie miałam na to czasu, bo właśnie podejmowałam życiową decyzję: postanowiłam przebiec maraton.

ZAKUPY

Po podjęciu tej decyzji najpierw powiedziałam wszystkim, co zamierzam. Krył się za tym prosty mechanizm. Im więcej osób wiedziało o moim postanowieniu, tym mniejsze było ryzyko, że się wycofam. Myślałam o czekającym mnie wyzwaniu z podnieceniem i zdenerwowaniem, ale muszę też przyznać, że czułam się trochę ważna, ilekroć informowałam kogoś o swoich chytrych planach. Wszyscy reagowali niezwykle pozytywnie. Udział w maratonie rzeczywiście budzi respekt – i całkiem słusznie. Dystans maratoński to niemal synonim tego co nieosiągalne. Większość osób z trwogą i niedowierzaniem przyjmuje wiadomość, że ktoś w ogóle zamierza próbować go pokonać – i z taką właśnie reakcją spotykałam się najczęściej. To, że byłam pracującą matką małego dziecka, a do tego właścicielką dwóch niezwykle wymagających kotów, sprawiało, że większość moich znajomych uznała, iż zwariowałam.

Jednym z najczęściej zadawanych mi pytań było: „Kiedy znajdziesz czas na treningi?". Drugim – „Czy ty kompletnie postradałaś zmysły?!".

Mimo to każdy bez wyjątku życzył mi powodzenia. Albo wiedzieli, że będę go potrzebować, albo imponowało im, że w ogóle przyszło mi coś takiego do głowy. Tak czy inaczej, czułam się wyjątkowo, podobnie jak wtedy, gdy informowałam wszystkich o tym, że jestem w ciąży. Te dwie rzeczy są nawet do siebie trochę podobne. Płyniesz na fali niesamowitej euforii, nie zdając sobie sprawy, co cię naprawdę czeka. Kobiety pytane o ból porodowy uśmiechają się dobrodusznie i mówią, że nie da się go opisać komuś, kto tego nie przeżył. Ci, którzy ukończyli maraton, kiwają ze zrozumieniem głową, kiedy dowiadują się, że też chcesz podjąć takie wyzwanie. Ale kiedy pytasz, czy było ciężko, odpowiadają: „To kawał drogi".

To reakcja charakterystyczna dla osób, które mają za sobą jakieś doświadczenie, ale nie chcą cię zniechęcić, mówiąc ci o nim całą prawdę. Teraz, kiedy wstąpiłam już zarówno do klubu mam, jak i maratończyków, zamierzam robić dokładnie to samo, kiedy ktoś zapyta mnie, czego można się spodziewać po którymkolwiek z tych przeżyć.

Decyzja o podjęciu wyzwania była niczym zdjęcie ciężaru z moich ramion. Było warto – choćby po to, żeby usłyszeć reakcję Tima, kiedy powiedziałam mu przez telefon, że wezmę udział w zawodach. Wrzasnął z radości i zaczął wygadywać coś bez ładu i składu. Dopiero po chwili zrozumiałam, że mówił o tym, co powinnam kupić do biegania. Od razu przeszedł do konkretów i nie ukrywam, że odjął nieco blasku całej przygodzie.

Chciałam jeszcze trochę powygrzewać się w chwale samego opowiadania o moim udziale w maratonie. Chętnie poodsuwałabym jeszcze w myślach rozpoczęcie treningu. Ale Tim miał inne podejście. Umówiliśmy się na pierwszą wspólną sesję biegania w następnym tygodniu. W tym czasie miałam jak najszybciej wyjść z domu i zacząć biegać.

Jako że w moim życiu słowa „bieganie" i „jak najszybciej" nigdy wcześniej ze sobą nie sąsiadowały, zignorowałam wskazówki Tima i postanowiłam udać się zamiast tego na zakupy. Może to płytkie podejście do sprawy, ale na swoją obronę wspomnę, że jeśli zamierza się trenować jakąkolwiek dziedzinę sportu na poważnie, nie ma sensu zaczynać bez odpowiedniego stroju. To, że zakupy uważam za jedną z najlepszych na świecie rozrywek, stanowi czysty zbieg okoliczności. Nie ma co się oszukiwać, dobrze dobrane leggінsy mogą zdziałać cuda, a ja musiałam wyglądać odpowiednio do sytuacji. Oficjalnie rozpoczęłam trening i nic nie mogło pozostać dziełem przypadku. Tim doradził mi poza tym, żebym jak najszybciej kupiła sobie buty biegowe, bo podejrzewał, że te, w których biegałam, wywołały ból ścięgien Achillesa. Polecił mi sklep London Marathon Store i to tam postanowiłam udać się na początek.

Kiedy powiedziałam mężowi o swojej zakupowej wyprawie, westchnął z rezygnacją. Wiedział, że wrócę do domu wyposażona we wszystkie możliwe gadżety, łącznie z – jak zakładał – nawigacją satelitarną, dzięki której mogłabym śledzić każdy swój ruch, jakkolwiek powolny. Ale mylił się. Nie kupiłam nawigacji. Nie wiedział tylko, że jedynym powodem było, iż nawet bez niej wydałam w sklepie prawie £300, i to z rabatem.

Pierwsze, co zauważa się po wejściu do Marathon Store, to zegar nad drzwiami, który odlicza co do sekundy, ile czasu pozostało do zawodów. Kiedy weszłam, pokazywał jeszcze 180 dni. Zahipnotyzowana uciekającymi sekundami, zaczęłam zdawać sobie sprawę, jak wiele dzieliło mnie od dnia zawodów – nie tylko w kontekście czasu, ale przede wszystkim tego, co jeszcze zostało do zrobienia. Nadal trudno było mi sobie wyobrazić siebie wbiegającą na metę po 42,195 km.

Tim polecił mi, żebym zapytała o Gary'ego, który okazał się naprawdę kochany. Cierpliwie wysłuchał mojej opowieści o tym, jak jestem beznadziejna w bieganiu i jak dałam się namówić na zupełne szaleństwo, czyli udział w maratonie. Gary przebiegł maraton kilka razy, więc zasypałam go pytaniami, na które starał się odpowiadać, ale kiedy naciskałam, żeby powiedział prawdę na temat tego, czy trudno jest się przygotować, pokiwał tylko głową, mówiąc, że to kawał drogi, po czym wskazał w kierunku butów. Mówiłam, że tak robią. Zaczęliśmy więc zakupy od butów. W dobrze dobranych butach cudowne jest to, że łatwiej się w nich biega. Mogę to teraz stwierdzić po wybieganiu setek godzin i ukończeniu maratonu: buty to absolutna podstawa. Gary zaprowadził mnie na dół, gdzie znajdowała się bieżnia elektryczna i skaner stóp, dzięki którym mógł ocenić, jak stawiam stopy podczas biegu. Buty mogą mieć różną podeszwę, odpowiednią dla różnego kroku biegowego; dla mnie odpowiednia okazała się średnia amortyzacja. Udałam się do sklepu zaraz po nagraniu w telewizji, więc musiałam wyglądać dość dziwnie, biegając w pełnym makijażu i eleganckim kostiumie. Gary był zbyt dobrze wychowany, żeby pozwolić sobie na komentarz, ale od czasu do czasu chwytałam jego pełne niedowierzania spojrzenia.

Wybrałam kilka par butów i wypróbowałam je na bieżni. Bez powodzenia starałam się wyglądać, jakby bieg nie sprawiał mi trudu, mimo że moja twarz robiła się z każdą minutą coraz bardziej czerwona, co można chyba uznać za osiągnięcie, zważywszy na grubą warstwę makijażu. Wlokłam się ciężko po bieżni, podczas gdy Gary obserwował moje stopy i raz po raz upewniał się, czy dobrze się czuję. Kiedy wreszcie pozwolił mi zejść, nad górną wargą miałam już krople potu, które jakimś cudem przedarły się przez makijaż. Udało się znaleźć idealne buty biegowe dla mnie, choć szczerze mówiąc, w tamtej chwili zgodziłabym się nawet na gumowe klapki.

Kiedy tylko odzyskałam oddech, udałam się na górę w poszukiwaniu spodenek. Kobieta o tak obfitych kształtach jak ja powinna wybrać strój korzystny dla dolnych partii ciała, postanowiłam więc ukryć swoje potężne uda pod parą czarnych legginsów ze wzorkiem. Z niezrozumiałych powodów zdecydowałam się również na szare spodenki trzy czwarte. Jako doświadczona zakupowiczka umiem ukrywać swoje krągłości i unikam pastelowych spodni jak ognia. Dlaczego uznałam, że szara, przylegająca do ciała lycra będzie odpowiednia – tego nie dowiem się nigdy. Dodam tylko, że szare spodenki miałam na sobie raz, po czym upchnęłam je głęboko w szufladzie, gdzie czekają na kolejną zbiórkę ubrań dla ubogich.

Wybrałam jeszcze trzy topy, porządny biustonosz i mnóstwo skarpetek, wyobrażając sobie, że będę teraz wyglądać niczym piękna gazela, o czym zawsze marzyłam. W ogóle nie zwracałam uwagi na ceny, ale zeszłam na ziemię przy kasie, która tak długo powarkiwała, podliczając moje zakupy, że wyobrażałam sobie, iż za chwilę wyleci z niej dymek. Tak bardzo byłam zajęta zadawaniem mądrych pytań, że nawet nie zwróciłam uwagi na ceny. Poczułam, że zbladłam pod warstwą makijażu. Gary musiał zauważyć zmianę koloru na mojej twarzy, bo uprzejmie zaoferował niewielki rabat. Chyba współczuł mi z wielu powodów i poczuł, że powinien mi to wynagrodzić. Ale nawet z rabatem wyszło prawie £300 i choć miałam więcej, niż potrzebowałam, czułam instynktownie, że szare spodenki nie są do końca dobre i że będę musiała wrócić po więcej. Poczułam się przytłoczona. Ale przełknęłam to i zapłaciłam. I do dziś uważam, że była to moja najlepsza inwestycja. Trzeba zapewnić sobie wygodę, jeśli ma się przebiec setki mil na treningach, a odpowiednie buty i strój to podstawa.

Byłam gotowa na przygodę życia i najtrudniejsza była dla mnie świadomość, że wszystko leży w moich rękach. Byłam jedyną osobą, która mogła to zrobić. Ode mnie zależały treningi, dieta, całe przygotowania. Gdyby mi się nie udało, mogłabym winić tylko siebie i był to rodzaj presji, jakiej nie czułam nigdy wcześniej. Nie mogłam już uciec. Być może brzmi to dziwnie w ustach kobiety, która rodziła swoją śliczną córeczkę przez 27 godzin, ale poród i maraton jednak trochę się od siebie różnią. Kiedy jesteś w ciąży i rodzisz, twoje ciało przejmuje kontrolę. Możesz wspomagać ten proces, ale w gruncie rzeczy twoje ciało jest do tego biologicznie przygotowane. Do wzięcia udziału w maratonie – niekoniecznie. Mamy jednak kontrolę nad tym, co i jak robimy. Jeśli przejdziesz trening i będziesz o siebie dbać, ukończysz zawody – chyba że dopadnie cię nieszczęśliwa kontuzja. Jeśli źle się przygotujesz, musisz brać pod uwagę porażkę. Tak, czekało mnie naprawdę trudne zadanie.

BIEGANIE

Mój lekarz to wspaniały człowiek o imieniu Quentin, z którym mogłam swobodnie porozmawiać o maratonie w trakcie badania ścięgna Achillesa. On również biega. Wiem o tym, bo pewnego razu omal go nie potrąciłam, kiedy wybiegł na drogę prawie tuż przed maską mojego samochodu. Na szczęście tak się akurat złożyło, że miałam na głowie kapelusz, więc mnie nie poznał. Ja oczywiście nigdy mu o tym nie wspomniałam i mam szczerą nadzieję, że tego nie przeczyta. Wypytałam go o jego przygodę z bieganiem. Jak większość biegaczy, z którymi rozmawiałam, miał już na swoim koncie udział w półmaratonie i uznał, że dystans 21 km w zupełności mu wystarczy. Mimo to bardzo podobało mu się, że zamierzam przebiec pełny maraton i to, moi mili, jest jedną z największych zalet udziału w maratonie: wszyscy myślą, że jesteś niesamowity – co jest zresztą prawdą. Mnóstwo osób potrząsało głową w cichym geście uznania, ilekroć wyjawiałam, że przygotowuję się do maratonu. Tak naprawdę, stosunkowo niewiele osób ma odwagę spróbować, więc kiedy spotyka się kogoś, kto ją ma, chyba zasługuje na odrobinę podziwu. Tak samo musiał myśleć mój lekarz, bo nie mógł przestać zachwycać się tym, jaka jestem ambitna. Rozumiał, że trudno będzie mi pogodzić opiekę nad dzieckiem, pracę oraz treningi, a jego słowa wsparcia naprawdę mnie poruszyły i sprawiły, że nabrałam jeszcze większej determinacji, by dokończyć to, co zaczęłam.

Po długiej serii pochwał, opowieści o planach charytatywnej zbiórki pieniędzy i dowodach mojej dobroci zostałam gwałtownie sprowadzona na ziemię. Doktor uznał, że moja stopa jest nieco opuchnięta i zalecił jak najszybszą wizytę u fizjoterapeuty. Polecił mi klinikę w pobliżu mojego domu, co bardzo mnie ucieszyło, i z głową nadal pełną przedtreningowych pochwał pewnym krokiem opuściłam gabinet. Nie byłam do końca przekonana, bo przecież ani nie kulałam, ani nie powłóczyłam nogą. Miałam jedynie małe zgrubienie na ścięgnie, które nawet mi nie przeszkadzało, dopóki nie zaczęłam biegać i odczuwać w tym miejscu potworny ból. Lubię mieć namacalne dowody swojej niedyspozycji fizycznej, takie jak siniak, bliznę, cokolwiek, co uzasadnia współczucie ze strony lekarza. Niejasna opowieść o bolącym ścięgnie Achillesa sprawiała, że czułam się trochę, jakbym udawała. Pomyślałam sobie jednak, że jestem teraz profesjonalnym sportowcem i to, że nie potrzebowałam noszy, nie oznaczał, że nie dolega mi coś poważnego. Uzbrojona w skierowanie lekarskie i szeroki uśmiech, pełna optymizmu skierowałam swe kroki do fizjoterapeuty. Liczyłam, że po dwóch tygodniach znowu zacznę biegać. Nie przyszło mi nawet do głowy, że nie przebiegnę się ani razu przez następne dwa miesiące.

Mój pierwszy fizjoterapeuta miał na imię Steve. Pochodził z Melbourne i miał zabójczy australijski akcent oraz cudowną opaleniznę, tak charakterystyczną dla osób z tamtej części świata. Jak się okazało, ukończył trzy czy cztery maratony z fenomenalnym czasem i miał dla mnie mnóstwo rad na temat tego, co powinnam jeść, pić oraz jakich suplementów używać w trakcie treningu. Zaczęły się poważne rozmowy o maratonie, w czasie których mogłam się dowiedzieć, jakie były doświadczenia innych osób. Zafascynowały mnie różne podejścia do treningu. Niektórzy mówili, że ich najdłuższy bieg przed maratonem wyniósł 25 km, inni przebiegli 35; odkryłam tyle różnic, że zafascynowało mnie, iż taka różnorodność na etapie przygotowań prowadzi do podobnego efektu. Stałam się niczym gąbka chłonąca każdą informację; robiłam też notatki, jeśli coś wydało mi się szczególnie przydatne. Miałam plan treningu dla początkujących, ale chciałam dostosować go do własnego stylu życia. Każdy ma inne potrzeby i możliwości. Ja miałam małe dziecko, pracę, elastyczną nianię oraz kochanego męża, którzy razem przyczynili się do tego, że mogłam trenować. Kiedy ma się dzieci, niezwykle ważna jest pomoc kogoś, kto może wpaść na godzinę lub dwie i pozwolić ci zająć się treningiem. Opiekunka, która zajmuje się Holly w czasie mojej pracy, i oczywiście mój wspaniały Scott byli dla mnie niezwykle wyrozumiali i wykazywali się elastycznością, dzięki czemu mogłam pobiegać wtedy, kiedy chciałam. Muszę jednak zaznaczyć, że przestrzegałam niemal wojskowego rygoru w kwestiach informowania ich o tym, co i kiedy musiałam zrobić. Kiedy Scott był w domu, trenowałam w trakcie poobiedniej drzemki Holly, by być z nią, kiedy nie spała. Nie zawsze było to możliwe, ale w większości przypadków pozwalało mi biegać o określonej godzinie w wyznaczone dni, a to bardzo ważne. Trzeba mieć system. Trzeba wiedzieć, co i kiedy należy zrobić, ponieważ bez tego człowiek szybko traci zaangażowanie i się poddaje. Nie łudźmy się, wiele rzeczy będzie nas od treningu odciągać, szczególnie jeśli trenuje się w środku zimy. Pogoda nie dopisuje i ostatnią rzeczą, na jaką ma się ochotę w zimne styczniowe popołudnie, jest bieganie, szczególnie gdy w telewizji leci coś ciekawego. Natomiast kiedy wiesz, że jeśli nie wyjdziesz na zaplanowany trening, to nie uda ci się go nadrobić przez kolejne dwa dni i przez to nie ukończysz maratonu – wówczas system się sprawdza, uwierz mi.

Pierwsza diagnoza Steve'a nie była najgorsza. Wykrył zgrubienie więzadła wokół ścięgna, które powinno zniknąć dzięki odpowiedniej dawce odpoczynku i leczenia. To była dobra wiadomość. Zła była taka, że nie umiał powiedzieć, ile potrwa terapia. Miałam jedną z tych wstrętnych kontuzji wymagających nadzwyczajnej ostrożności i jeśli wróciłabym do treningu zbyt wcześnie, odnowiłaby się i wykluczyłaby ćwiczenia na kolejne długie tygodnie. Nie podobało mi się to, bo chciałam wiedzieć, kiedy znowu będę mogła biegać. Skoro już podjęłam tak wielkie wyzwanie, chciałam natychmiast rzucić się w wir przygotowań. Ale nie mogłam i to było jak wielki wrzód na tyłku.

Steve zapewnił mnie, że jeśli będę postępować zgodnie z zaleceniami, powrócę do pełnej formy i bez problemu ukończę trening oraz maraton. Uprzedził mnie jednak, że połową sukcesu w maratonie jest dotarcie na linię startu. Widział już setki pacjentów, których marzenia rozwiały się niczym chmura dymu, bo przesadzili z treningiem, gdy dokuczały im niewielkie uszkodzenia i naciągnięcia mięśni. Drobne kontuzje rozrastały się i nigdy nie docierali na start. Zaczęłam się martwić. Po latach unikania biegów długodystansowych nagle chciałam rzucić się w nie z całym impetem, lecz moje ciało nie zgadzało się z moim umysłem.

Jak stwierdziłam na podstawie gorzkich doświadczeń, najważniejsze to przestać biegać, kiedy coś cię boli, i to wyleczyć. Prosta i genialna rada. Steve zapewnił mnie, że jestem w dobrej kondycji i dam radę, muszę tylko słuchać własnego ciała. Postanowiłam skorzystać z jego rad. Podłożyłam sobie dwie duże poduszki na kozetce i rozłożyłam się wygodnie do pierwszej sesji terapii ultradźwiękami. W tym czasie Steve opowiedział mi mrożącą krew w żyłach historię pacjentki, która idealnie przygotowała się do maratonu w Londynie. Miała szansę dobiec z czasem pomiędzy trzy i pół a cztery godziny, czyli piorunująco szybko, ale jej bieg został brutalnie przerwany, kiedy inny zawodnik nadepnął jej na piętę. Upadła na twarz, złamała nos i została odwieziona karetką do szpitala. Słuchałam z osłupieniem. Życie potrafi dać w kość. Zanotowałam sobie w myślach: nikt nie ma prawa się do mnie zbliżać w dniu zawodów. Nieważne, że tam będzie 35 tysięcy ludzi – nikomu nie wolno dotykać ani mnie, ani moich stóp.

I tak upłynęła pierwsza wizyta w klinice. Co tydzień pojawiałam się na serię ultradźwięków i masaż, dzięki czemu dobrze poznałam Steve'a oraz jeszcze jednego Steve'a. Drugi Steve pochodził z Liverpoolu, również był w świetnej formie i miał na koncie półmaraton. Jego pasją było kajakarstwo i to jemu poświęcał większość swojej uwagi. Razem z Australijczykiem podtrzymywali mnie na duchu przez cały listopad, aż na ulicach zaczęły pojawiać się dekoracje bożonarodzeniowe. Nadal nie było mowy, żebym biegała, i zaczęłam się trochę denerwować. Wszyscy znajomi i koledzy z pracy pytali, jak mi idą treningi. Narobiłam sporo hałasu o swoim udziale w maratonie, więc całkiem słusznie ludzie domagali się informacji. Czułam się jak ostatnia ofiara, ilekroć musiałam przyznać, że nie przebiegłam jeszcze ani metra. Wyjaśniałam, że od jakiegoś czasu bolało mnie ścięgno Achillesa i że problem niestety okazał się poważniejszy, niż na początku sądziłam. Wszyscy byli bardzo życzliwi, ale i tak czułam się przygnębiona. Nigdy nie umiałam cierpliwie czekać, aż wyleczę się z kontuzji. Zdarzało mi się ignorować zalecenia lekarzy i grać w piłkę albo hokeja, kiedy wiedziałam, że nie powinnam. Tym razem było inaczej: byłam starsza, trochę grubsza i w głębi duszy wiedziałam, że nie mogę zignorować kontuzji, bo skończyłoby się tym, że oglądałabym zawody w telewizji.

Ale i tak nie było najgorzej. Nie mogłam biegać, ale na szczęście mogłam popracować nad formą na siłowni. Mogłam pływać i jeździć na rowerze, więc żeby nie zamienić się w zawodnika sumo, starałam się poruszać przynajmniej dwa razy w tygodniu. Nie było to oczywiście to samo, co prawdziwy trening. Nie czuję, że naprawdę ćwiczyłam, jeśli nie schodzę z bieżni, słaniając się na nogach, purpurowa na twarzy i nie wyglądam, jakbym potrzebowała pomocy medycznej. Mimo to lepszy wróbel w garści niż gołąb na dachu, a rower, stepper i pływanie były lepsze niż nic.

Nadal chodziłam na rehabilitację raz, czasem dwa razy w tygodniu. Pewnego listopadowego wieczoru wyskoczyłam jak zwykle na wizytę, ale okazało się, że żaden ze Steve'ów tego dnia nie przyjmował. Zdenerwowało mnie trochę, że będę musiała od nowa opowiadać komuś swoją historię, jednak uroczy Liam (z Cardiff – naprawdę mamy tu istną Ligę Narodów) rozwiał moje lęki cudownym podejściem do pacjenta i w ciągu pięciu minut przeszłam od stanu irytacji do rozmowy o tym, czy nie pomogłaby mi akupunktura.

Zawsze sceptycznie podchodziłam do takich rzeczy. Uważam, że ying i yang to wspaniałe imiona dla misiów panda, a niekoniecznie opis mojego stanu ducha. I wybaczcie, ale feng shui brzmi dla mnie prawie jak nazwa grzybicy skórnej. Ilekroć ktoś opowiadał mi o akupunkturze, słuchałam grzecznie, ale zawsze czułam nad rozmówcą pewną wyższość. I oto sama z zaangażowaniem gawędziłam o zaletach medycyny alternatywnej i chętnie przyznałam, że moja wewnętrzna energia faktycznie została zaburzona. Liam ponaciskał kilka miejsc na mojej łydce i powiedział, że odczuwam w nich ból – a rzeczywiście go czułam – ponieważ miałam jakiś problem z kręgosłupem. Obaj Steve'owie również wspominali, że plecy mogą być źródłem moich problemów ze ścięgnem Achillesa.

Więc kiedy Liam zasugerował akupunkturę, grzecznie się zgodziłam. Nagle wydało mi się to całkiem dobrym pomysłem, bo nic innego nie przynosiło poprawy. Znudziło mnie siedzenie na tyłku i czekanie, więc zgodziłabym się na wszystko, co pomogłoby ruszyć mi z miejsca. I tak oto pani cynik wylądowała na stole ze szpilkami na plecach, mrucząc cicho, że to w ogóle nie boli. Naprawdę nie bolało. Liam ostrzegł, że mogę odczuwać senność, ale zapewniłam go, że nie jestem podatna na takie rzeczy. Musiał mieć ubaw 20 minut później, kiedy wybudzał mnie z lekkiego chrapania, a ja z ręcznikiem odciśniętym na twarzy wycierałam ślinę sączącą mi się z kącika ust.

Na początku byłam zajęta udawaniem, że tak naprawdę wcale nie spałam, więc nie od razu zauważyłam, że punkty ucisku na nodze przestały mnie boleć. Żadnego bólu. Zupełnie jakby został wyssany przez igły. Przeczytałam sobie teraz to, co właśnie napisałam, i wiem, że brzmi to strasznie, ale to najlepszy sposób, żeby opisać drastyczną zmianę, jaka miała miejsce. Kiedy terapeuta naciskał wybrane miejsca na mojej nodze na początku sesji, czułam, jakbym miała tam siniaki. Teraz nic. Mógłby usiąść na mojej nodze, a i tak nie czułabym bólu. Zostałam oficjalnie nawrócona. Poczułam taką radość, że miałam ochotę zapleść warkocze, przejść na wegetarianizm i kupić sobie citroëna 2CV.

Obudziło mnie lekkie potrząśnięcie za ramię. Znowu odpłynęłam. Świetnie. Teraz wyglądało to tak, jakby oprócz bolącego ścięgna dokuczała mi również narkolepsja. Na szczęście senność nie trwała długo. Wróciłam do domu i zaczęłam wychwalać cudowne zalety akupunktury, a Scott słuchał mnie z niedowierzaniem. Ale nawet on przyznał, że coś w tym musi być po tym, jak bez problemu przespałam całą noc – wyspałam się jak nigdy. Jeśli zaczynasz podejrzewać mnie o związki z jakimś towarzystwem akupunktury, to rozwieję twoje wątpliwości – nie mam żadnych. Opisuję jedynie swoje doświadczenia, a dla mnie akupunktura okazała się wybawieniem.

Potwierdziła to moja kolejna wizyta u rehabilitanta. Moje ścięgno postanowiło współpracować. Zgrubienie więzadła zaczęło się cofać i mogliśmy wreszcie pomyśleć o jakimś treningu. Nareszcie przełom! Był koniec listopada i zegar tykał. Nie biegałam od siedmiu tygodni i nie mogłam się doczekać, kiedy zacznę. Steve (ten z Australii) powiedział, żebym zaczekała jeszcze dwa tygodnie. Chciał mieć całkowitą pewność, że jestem gotowa. Opłaciły się godziny spędzone na rehabilitacji. Za chwilę miałam znowu zacząć biegać.

TRENING

W końcu 15 grudnia 2004 roku oficjalnie rozpoczęłam trening do maratonu. Na początek lekki trucht – 2,5 km, żeby wdrożyć się z powrotem w uroki biegania. Było to oczywiście więcej, niż zalecił mi fizjoterapeuta, ale tak bardzo cieszyłam się na myśl o bieganiu i chciałam sprawdzić, czy nie zapomniałam, jak to się robi. Nie zapomniałam i był to początek naprawdę wyczerpujących miesięcy. Mój plan był prosty. Biegałam cztery razy w tygodniu, w niedziele, wtorki, środy i piątki. Dostosowałam program do swojego życia. Nie każdy ma czas biegać pięć razy w tygodniu, jak to sugerował mój plan treningowy, dlatego starałam się wykonać podobną pracę w ciągu czterech sesji tygodniowo. To była jedyna możliwość, żebym wykonała cały zaplanowany trening i jednocześnie nadal widywała moją córeczkę i spędzała z nią czas. Nie był to plan doskonały, ale najlepszy, na jaki mogłam sobie pozwolić. Czułam się dosyć pewnie, bo mój plan wydawał się osiągalny i byłam w pełni skoncentrowana na tym, co robię. To miało być dla mnie jednorazowe doświadczenie. Byłam pewna, że nie stanie się to moim hobby na resztę życia. Nie było zagrożenia, że przez kolejną dekadę będę biegać maratony na całym świecie. Nie, chciałam przebiec tylko jeden maraton w życiu i wybór padł na Londyn w 2005 roku.

Musiałam podporządkować cztery miesiące treningowi; nie jest to duża część życia i byłam pewna, że nie będę żałować. Mój plan zakładał, że co tydzień będę wydłużać najdłuższy dystans o 2 km, więc pierwszej niedzieli przebiegłam 8 km, a w kolejnym tygodniu 10 km. Starałam się też delikatnie wydłużać krótsze dystanse, ale były też tygodnie, w których nie dodawałam sobie kilometrów, żeby mój organizm miał szansę przyzwyczaić się do danej ilości biegania. Nie będę udawać, że było łatwo, bo nie było. Czasem miałam ochotę wrzasnąć, spalić swoje buty biegowe i zabić Tima, który wmówił mi, że to był dobry pomysł. Ale chciałam dokończyć to, co zaczęłam. Chciałam sprawdzić, czy jestem w stanie to zrobić. Doszłam niemal do granicy obsesji. W połączeniu ze zbiórką pieniędzy i potencjalną kompromitacją przed milionami ludzi w przypadku, gdybym się wycofała, była to rzecz, która pchała mnie do przodu.

Kolejnym ważnym elementem treningu jest zadbanie o to, żeby się nim nie znudzić. Musiałam się postarać, żeby moje trasy były różnorodne; w przeciwnym razie miałabym ochotę utopić się w rzece, wzdłuż której biegałam w zimowe wieczory. Jeździłam samochodem po Londynie i sprawdzałam długość różnych tras. Dzięki temu mogłam łączyć bieganie po asfalcie z bieganiem po parku i bieżni elektrycznej, co urozmaicało mój trening i było dobre dla kolan. Na moją psychikę działał też inny silny czynnik, ponieważ widzowie mojego programu porannego wiedzieli, że przygotowuję się do maratonu. Twórcy programu postanowili monitorować moje postępy i poprosili mnie o nagrywanie wideopamiętnika, żeby wszyscy mogli śledzić, jak mi idzie. Uznano też, że przyda mi się osoba towarzysząca, która razem ze mną przygotowywałaby się do zawodów. Kiedy ogłosiłam, że szukam partnera do biegania, zostałam zasypana mailami. Nie wierzyłam własnym oczom. Przyszło do mnie mnóstwo budzących współczucie historii od ludzi, którzy chcieli pobiec dla swoich matek, ojców, synów, córek, siostrzeńców i siostrzenic, których dotknęła nieuleczalna choroba lub którzy z powodu takiej choroby już odeszli. Wiele z tych maili doprowadziło mnie do łez i nie byłam w stanie wybrać jednej osoby. Wreszcie zdecydowałam się zaprosić kobietę o imieniu Heather z Bedfordshire, której udało się wygrać walkę z rakiem piersi. Miała dwójkę dorosłych dzieci i zamierzała przebiec w czasie podobnym do mojego (pięć godzin z kawałkiem).

I tak wyglądało moje życie: bieganie, rozmowy o bieganiu, znowu bieganie, nagrywanie, jak biegam, a potem – znowu bieganie. Mój program treningowy się sprawdził, bo nie opuściłam ani jednego treningu z powodu braku motywacji. Wiele razy nie miałam ochoty wychodzić, ale w końcu zawsze to robiłam. Przerwałam trening na tydzień za namową lekarza z powodu infekcji gardła, ale poza tym trzymałam się planu i zaczęłam biegać w każdym tygodniu coraz dalej. Tim powiedział, że przed końcem marca powinnam przebiegać ponad 48 km tygodniowo. To był mój cel.

Pierwszym dużym wyczynem był dla mnie udział w półmaratonie Adidas Silverstone Half Marathon. Niestety, kilka tygodni przed nim nabawiłam się infekcji gardła, musiałam więc udać się do lekarza, który przepisał mi spray sterydowy, żeby powstrzymać strumień śluzu lejący się z mojego nosa prosto do gardła. Od tamtej pory było tylko gorzej – i im mniej powiem o tamtych zawodach, tym lepiej! Mimo to ukończyłam półmaraton, co było moim celem. Zależało mi tylko na tym, żeby zebrać pieniądze dla fundacji i zdobyć medal – więc liczyło się dobiegnięcie do mety, a nie czas ukończenia.

OSTATNI ROZDZIAŁ

Nadszedł kwiecień, a wraz z nim – tydzień wyciszenia. Wcześniej nie wiedziałam, że przed zbliżającym się zawodami trzeba ograniczyć treningi – a najlepsze jest to, że w pewnym momencie treningu dystans 20 km wydaje się lekkim truchtem. Jeśli chodzi o najdłuższy trening przed zawodami, było to 30 km – i to wystarczyło. Moje ciało tak bardzo przyzwyczaiło się do długodystansowych biegów, że muszę przyznać, zaczęło mi się to podobać. Jak wielu biegaczy uważam, że najgorsze są pierwsze kilometry. Kiedy już minął etap kłócenia się z samym sobą o to, czy w ogóle powinnam biec, naprawdę się wciągnęłam. Niektórzy decydują się na jeszcze większy dystans na najdłuższy bieg, inni na krótszy. To kwestia indywidualna, choć osobiście uważam, że warto przebiec przynajmniej 30 km. W dniu zawodów dojdzie jeszcze ponad 12 km... Maraton to naprawdę kawał drogi.

Tydzień przed zawodami trzeba się zarejestrować na targach w Docklands. Wybrałam się tam pierwszego dnia, żeby uniknąć tłumów, co chyba mi się udało, choć jak się okazuje, niektórzy zostawiają to na ostatnią chwilę i dobijają się do drzwi w chwili zamknięcia w sobotę wieczorem. To o wiele za późno; jak w przypadku wielu innych rzeczy, na to również należy zarezerwować sobie odpowiednio dużo czasu. Nie przegap zawodów tylko dlatego, że za późno trafiłeś na rejestrację. W czasie targów można wydrukować sobie swoje imię na koszulce, co też uczyniłam, i uważam, że było to świetne posunięcie. Ludzie dopingujący cię po imieniu dodają mnóstwo energii.

Po uporaniu się z kwestiami administracyjnymi spokojnie czekałam na rozpoczęcie zawodów. Dziwnie się czułam, kiedy nie musiałam biegać tyle, ile wcześniej – i faktycznie pojawiła się pokusa, żeby wymknąć się i przebiec kilka dodatkowych kilometrów, choć nie było takiej potrzeby. Na tym etapie jesteś doskonale przygotowany i musisz już tylko odpocząć. Kolejną rzeczą, na którą zwracałam uwagę przez cały okres przygotowań, było odżywianie. Makaron, woda, makaron, woda – powtarzają się niczym mantra w ostatnim tygodniu przed zawodami, a właściwie także wcześniej. Trzeba spożywać dużo węglowodanów, bo one rzeczywiście dodają energii.

I tak dotarłam do Maratonu Londyńskiego 2005. Wstałam o świcie, żeby się nie spóźnić. Nie mogłam pozwolić, żeby umknął mi sprzed nosa udział w największej sportowej imprezie w moim życiu z powodu opóźnień w komunikacji miejskiej, a wiem, że takie sytuacje się zdarzają. Torbę z rzeczami na zawody miałam już spakowaną od trzech tygodni, poza tym szczegółowo zaplanowałam podróż na miejsce startu, więc wiedziałam, ile czasu będę miała na nakręcenie jeszcze wejścia dla BBC przed rozpoczęciem zawodów. Wykonałam wszystko zgodnie z planem, a więc założyłam dobrze sprawdzony na długich dystansach strój, który nigdzie mnie nie obcierał, ostrożnie zapakowałam numer startowy do torby i panikowałam przez 48 godzin poprzedzających zawody. Byłam gotowa do startu. Podróż pociągiem do południowo-wschodniego Londynu przebiegła bez zakłóceń, choć instynktownie czułam, że dwaj wielcy Kornwalijczycy siedzący naprzeciwko bez trudu wyprzedzą mnie w trakcie zawodu. I rzeczywiście – wyprzedzili mnie nie tylko oni, ale także rodzina maskotek gigantów i dziesięcioosobowa grupa przebrana za stonogę.

Atmosfera w całej dzielnicy Blackheath była nie do opisania. Wokół kłębiły się tysiące ludzi uśmiechających się nerwowo i wcierających maści rozgrzewające w różne partie ciała. Najbardziej obleganym miejscem są oczywiście toalety i warto przybyć na miejsce wcześnie, żeby odstać w kolejce tylko pół godziny. Dotarłam do punktu startu aż półtorej godziny przed rozpoczęciem maratonu, a mimo to zanim się obejrzałam, musiałam pożegnać się z mężem, oddać swoje rzeczy i przedostać na linię startu.

Ledwie na to wszystko starczyło mi czasu i dzięki temu nie miałam nawet chwili, żeby się czymkolwiek przejmować; po prostu potruchtałam na start ku największej przygodzie mojego życia.

Nadal trudno mi mówić o maratonie bez łez cisnących się do oczu, ponieważ było to dla mnie ogromnie wzruszające doświadczenie. Walka, jaką musiałam stoczyć ze sobą, żeby dobrnąć do dnia zawodów, była niczym w porównaniu z walką, jaka toczyła się w mojej głowie podczas biegu. Pierwsze kilometry były cudowne. Czułam się wspaniale, złapałam dobre tempo, nie miałam żadnych kłopotów i łatwo mi się biegło. Wokół były niesamowite tłumy ludzi i wszyscy coś krzyczeli. Wszystkie dzieciaki chciały przybijać ze mną piątki, o czym mnie ostrzegano, bo bardzo łatwo jest dać się ponieść emocjom na pierwszym etapie, który dla mnie wynosił 15 km, a po którym czekał na mnie mąż wraz z szesnastoosobową grupą znajomych i członków rodziny.

Dzień był upalny, jak to w kwietniu bywa, więc biegłam nieco wolniej niż w trakcie swoich zimowych treningów. Miałam na sobie bluzkę z długim rękawem i kamizelkę, ale wiedziałam, że kiedy dobiegnę do Scotta, będę mogła się przebrać. Teraz wiem, że trzeba było po prostu zostać w samej kamizelce, bo w czasie biegu organizm bardzo szybko się nagrzewa, ale na szczęście nie miałam problemów. Wszystko szło dobrze aż do znaku przy 10 km, kiedy dało o sobie znać ścięgno Achillesa. Od dawna mnie nie bolało, ale brałam pod uwagę, że może się odezwać w trakcie zawodów. Mimo to postanowiłam, że nic nie powstrzyma mnie przed ukończeniem maratonu i nawet jeśli musiałabym przejść większość z 42 km na piechotę, zrobiłabym to. Taką obrałam strategię – dotrzeć do końca za wszelką cenę. Jeśli będzie trzeba pójść, trudno – najważniejsze to przekroczyć metę.

Na 15. km spotkałam swoją grupkę wsparcia, zdjęłam bluzkę, wklepałam trochę kremu z filtrem i chwilę się powygłupiałam. Zrobiliśmy mnóstwo zdjęć i gadaliśmy dobrych pięć lub dziesięć minut. Duży błąd. Przez to wytraciłam cały rozpęd. Kolejny raz zatrzymałam się na 17. km, żeby nakręcić jeszcze jedno wejście dla telewizji. Ponownie zmarnowałam co najmniej pięć minut i dobiegając do Tower Bridge, zaczęłam odczuwać zmęczenie. Ponieważ zmarnowałam sporo czasu, nie miałam szans dobiec w przewidywanym czasie pięciu i pół godziny i ta myśl zaczęła mnie przygnębiać, jak również widok setek zawodników biegnących w drugą stronę. Była to najszybsza grupa, która zakończyła już etap na Isle of Dogs i wyszła na ostatni, sześciokilometrowy odcinek, co uderzyło mnie niczym pędzący pociąg. Minęłam znak 23 km w tak podłym nastroju, że nawet go nie zauważyłam i dopiero na 25. km dotarło do mnie, jak wiele wysiłku mnie to wszystko kosztuje. Zadzwoniłam do męża i ze łzami w głosie powiedziałam mu, że nie jest dobrze. Zaczął mnie namawiać, żebym dobiegła do 27. km, gdzie miał mnie mocno przytulić i dodać mi otuchy. Najbardziej przerażało mnie, że nadal miałam przed sobą 17 km biegu, z powodu upału źle się czułam i nienawidziłam wszystkich osób stojących wzdłuż trasy z zimnymi napojami w dłoniach, pokrzykujących na zawodników. Byłam wściekła, że się na to zdecydowałam, i chciałam, żeby było już po wszystkim. Wiedziałam, że się nie wycofam, więc mogłam tylko zacisnąć zęby i biec dalej. Ale cały czas czaiły się w mojej głowie wątpliwości i kiedy patrzę na tamten dzień z perspektywy czasu, rozumiem, że trzeba wygrać z samym sobą. Fizycznie nie czułam się najgorzej, ale psychicznie byłam kompletnie rozbita.

Dwa kilometry przeszłam, co szczerze mówiąc, wcale nie pomogło, więc wróciłam do biegu na ostatnie 17 km. Mój mąż i znajomi nawet nie zdają sobie sprawy, jak bardzo mi pomogli. Kiedy krzyczeli: „Rany boskie, przebiegłaś już 25 km, niesamowite!", czułam, że serce mi rośnie. Wkrótce poczułam, że frunę. Jakimś cudem odnalazłam rytm, uporałam się z odcinkiem na Isle of Dogs, który jest moim zdaniem najtrudniejszy, i zrobiłam nawrót – co niewyobrażalnie działa na psychikę. Jeszcze zanim ponownie spotkałam swoją grupę wsparcia na 33. km, wiedziałam, że dobiegnę do mety. Ostatnie kilometry były mieszaniną ekscytacji i wzruszenia. Kiedy moim oczom ukazało się Koło Milenijne, prawie się rozpłakałam. Wiedziałam już, że wygrałam bitwę, a miesiące ciężkiej pracy zostały wynagrodzone. Za chwilę miałam ukończyć maraton i wcale nie chciałam przestać biec, bo czułam się tak naładowana energią. Zdecydowanie dobrze trenowałam, bo czułam się naprawdę dobrze i zaczęłam wyprzedzać innych. Zadzwoniłam do męża, żeby powiedzieć mu, że widzę Big Bena, i oboje byliśmy niesamowicie wzruszeni. Sprintem wbiegłam na skwer przed budynkiem parlamentu i pamiętam, że na ostatnich kilkuset metrach czułam się najszczęśliwsza na świecie. Moja grupa czekała naprzeciw pałacu Buckingham i kiedy mnie zobaczyli, wpadli w szał. Usłyszałam swoje nazwisko wyczytane przez megafon, a tłumy widzów nadal obecnych na mecie przywitały mnie głośną owacją. Dotarcie na metę zajęło mi prawie siedem godzin, siedem cholernych godzin. Paula Radcliffe przebiegłaby w tym czasie pół drogi do Nowego Jorku, ale liczyło się tylko to, że dobiegłam do mety. Nagrałam szybki wywiad dla telewizji, po czym rozpłakałam się, wpadając w objęcia moich cudownych przyjaciół, którzy powtarzali w kółko, jak bardzo mnie kochają. Odebrałam torbę, spotkałam się z Heather, żeby porozmawiać i popłakać sobie wspólnie, a potem poszłam świętować, pić szampana, uwieczniać te szczęśliwe chwile na zdjęciach i zjeść wielkiego batonika. Mój organizm zniósł to świetnie: żadnych pęcherzy, kontuzji, nic, jedynie spore zmęczenie, które minęło po kilku dniach. Ale nie było żadnych problemów. Od razu zaczęłam się nawadniać. Mój plan treningowy sprawdził się idealnie i mogę szczerze powiedzieć, że poza dniem mojego ślubu oraz narodzinami Holly nigdy nie czułam się szczęśliwsza.

Ilekroć opowiadam o maratonie, zaczynam płakać. Dla mnie była to walka na poziomie mentalnym i dlatego tak wiele dla mnie znaczyła. Szczerze wierzę w to, że każdy jest w stanie przebiec maraton. Nigdy bym nie przypuszczała, że ja mogę to zrobić, a jednak dałam radę. Nie jestem typowym maratończykiem i brakuje mi wiary we własne umiejętności, bo nie mam predyspozycji lekkoatletycznych. Jednak zrobiłam to i ty też możesz. Kluczem jest siła woli, nic innego. Nie poddałam się pokusie wycofania się z biegu i na tym polegało zwycięstwo mojego ducha nad ciałem, co miało poważne skutki dla mojego dalszego życia. Uwierzyłam, że wszystko jest możliwe, bo tak faktycznie jest. Wiem, że moja historia zainspirowała innych do udziału w zawodach, bo sami mi o tym powiedzieli – wśród nich mój mąż, który rok później przeleciał maraton w cztery godziny. Gdybym zsumowała czas zmarnowany na nagrywanie, pogawędki, robienie zdjęć itd., wyszłoby, że przebiegłam maraton w mniej więcej 6:15. Przysięgłam sobie, że nigdy tego nie powtórzę, ale patrząc, jak Scott przygotowuje się do kolejnego startu, jestem trochę zazdrosna. Nadal biegam, choć od dnia zawodów mój najdłuższy trening wyniósł 12 km. Z pewnością nic nie może się równać z magią ukończenia pierwszego maratonu, ale skrycie marzy mi się zejście poniżej sześciu godzin. Czy się na to zdecyduję? Cóż, zobaczymy, ponieważ maraton to naprawdę kawał drogi...

14

Co dalej?

W tym rozdziale dowiesz się:

- **jak odzyskać siły,**
- **jak ważny jest kolejny cel,**
- **że kolejny cel trzeba wyznaczyć szybko.**

Na początek

Całkiem możliwe, że po ukończeniu maratonu będziesz mieć ochotę na kolejne wyzwanie. Nie czekaj z planowaniem go do ukończenia zawodów – zrób to wcześniej!

Od chwili otrzymania miejsca w maratonie, przez cały okres przygotowań aż do stanięcia na starcie myśli się tylko o tym, jak dobiec do mety – i słusznie. Ale co dalej? Jak będzie wyglądać codzienność po maratonie?

Twoje życie może ulec zmianie lub powrócić do punktu wyjścia z bonusem w postaci niezapomnianych wrażeń, których już nic ci nie odbierze. Wszystko zależy od ciebie.

Masz teraz okazję dokonać istotnych zmian i jest to szansa, z której co roku tysiące osób postanawiają nie skorzystać. Głównie dlatego, że nie zastanawiają się nad swoim życiem po maratonie aż do jego ukończenia. To błąd. Trzeba pomyśleć o zmianach jeszcze przed startem i traktować je priorytetоwo. Zgadzam się, że masz wówczas wiele rzeczy na głowie, ale podjęte w tym czasie decyzje mogą istotnie wpłynąć na kolejne lata twojej egzystencji.

Nie dramatyzując, maraton potrafi odmienić życie. To prawdopodobnie największe wyzwanie w twoim życiu i masz szansę wykazać się siłą charakteru, o jaką nigdy byś siebie nie podejrzewał. Po przekroczeniu mety kolejnym wyzwaniem jest przeniesienie tego doświadczenia na inne dziedziny życia. Nie muszą to być wyzwania fizyczne, ale na przykład towarzyskie lub mentalne, którym w podobny sposób możesz stawić czoło. Kiedy raz ukończysz maraton, poczujesz, że możesz podbić cały świat. Planowanie z wyprzedzeniem dodatkowo ci to ułatwi!

Omówimy teraz, co dzieje się po przekroczeniu mety – jednym z najbardziej wzruszających momentów w twoim życiu.

PIERWSZE TRZY GODZINY

Kiedy wychodzisz na ostatnią prostą i twoim oczom ukazuje się meta, pojawiają się emocje, jakich nie doświadczyłeś nigdy wcześniej. Oto kulminacja miesięcy ciężkiej pracy i wyczerpania, miesięcy frustracji oraz chwil zwątpienia i strachu. Nagle wyrasta tuż przed tobą upragniony koniec.

Po przekroczeniu mety dzieje się kilka rzeczy. Najpierw pojawia się zachwyt, wszechogarniająca radość, że osiągnąłeś swój cel, do którego dążyłeś miesiącami w deszczowe, mroczne wieczory. Potem przychodzi wyczerpanie. W zależności od przygotowania można zemdleć lub mieć problemy z chodzeniem. Można odczuwać jedynie silne zmęczenie. Opuszczając strefę mety, co w dużych miastach może zająć sporo czasu, nadal możesz czuć niedowierzanie. Chcesz jak najszybciej spotkać się z rodziną i przyjaciółmi i podzielić się tą chwilą z kimś bliskim.

Wskazówka

Pamiętaj, że twoja rodzina i przyjaciele przeżywają to razem z tobą, a te wyjątkowe chwile są dla nich równie ważne, jak dla ciebie. Pozwól im poczuć przynajmniej część ogromnej euforii, jaką przeżywasz.

Minie sporo czasu, zanim po ukończeniu pierwszego maratonu opadną emocje – musisz się przygotować na te bardzo intensywne chwile. Na ostatnich kilometrach mogły się pojawić łzy, ale mogą też popłynąć dopiero po kilku godzinach. Z pewnością wzruszenie udzieli się osobom, które cię wspierały, i nie ma w tym nic dziwnego. Przypomnij sobie, ile znaczyło dla ciebie ich wsparcie, i postaraj się im powiedzieć, jak ważną rolę odegrali. Być może bez nich nigdy by ci się nie udało i nie zapominaj o tym.

Po przekroczeniu mety nie wolno ci zapomnieć – choć zapomną o tym wszyscy wokół – o rozciąganiu. Nie będzie to dla ciebie priorytetem, kiedy chcesz już tylko świętować swoje zwycięstwo, ale powinno być. DOMS* (opóźniona bolesność mięśni szkieletowych – zakwasy), o której piszę dalej, to przypadłość, z powodu której cierpi wielu uczestników maratonów, a dzięki prawidłowemu rozciąganiu po biegu można zminimalizować jej skutki.

Wskazówka
Postaraj się poświęcić przynajmniej 10 minut na rozciąganie każdej grupy mięśni, a poczujesz natychmiastową ulgę. Rozciągałeś się po każdym biegu (a przynajmniej powinieneś), więc dlaczego nie teraz?

Może być ci trudno ze względu na ogromne zmęczenie, ale postaraj się podjąć ten wysiłek. Zignoruj dziwne spojrzenia innych zawodników i pociesz się myślą, że z pewnością następnego ranka będziesz się czuć znacznie lepiej niż oni.

PIERWSZA NOC

Emocje nadal będą w tobie buzować tej nocy, ale dotrze już do ciebie, czego dokonałeś. Być może wciąż będziesz w drodze do domu, ale ze świadomością, że zrobiłeś coś wyjątkowego. Być może już zaczniesz snuć plany związane z kolejnymi wyzwaniami, ale najprawdopodobniej będziesz się pławić w chwale swojego czynu jeszcze przez kilka dni.

---

* Skrót od ang. *Delayed Onset of Muscle Soreness.*

Może nie być łatwo zasnąć, kiedy twój umysł przeżywa na nowo każdy kilometr, każdy moment desperacji i każdy uśmiech w drodze na ostatnią prostą. Fizycznie będziesz wykończony, ale twój umysł może nie dać ci się wyspać. Zapewne też nie położysz się do łóżka wcześnie, chcąc podzielić się przeżyciami z jak największą liczbą osób.

KOLEJNY DZIEŃ – REGENERACJA

Następnego ranka prawdopodobnie naprawdę poczujesz, przez co przeszedł twój organizm. Możesz próbować wstać z łóżka jak zwykle, ale całkiem możliwe, że dopadnie cię częsty problem maratończyków – ledwie możesz się poruszyć! Witaj w świecie opóźnionej bolesności mięśni szkieletowych, w skrócie DOMS.

DOMS to, z grubsza rzecz biorąc, sztywność mięśni wywołana wysiłkiem fizycznym (zakwasy), do jakiego nasze ciało nie jest przyzwyczajone, a dla większości osób tym właśnie będzie przebiegnięcie 42 km! Decyduje o tym wiele czynników, w tym niedokrwienie i niedotlenienie mięśni, pojawianie się kwasu mlekowego oraz uszkodzeń tkanki mięśniowej i tkanki łącznej.

Można sobie z tym poradzić, a więc przyspieszyć proces regeneracji, dzięki pewnym działaniom, często pomijanym przez biegaczy. Ważne są program rozciągania omawiany wcześniej oraz nawodnienie organizmu od razu po zawodach i przez kolejne 24 godziny. To absolutna podstawa, lekceważona przez wielu zawodników.

Wskazówka

Trzeba nie tylko wypić dużo wody, ale również spożyć sporo węglowodanów, żeby uzupełnić zapasy glikogenu. Zapasy te wykorzystałeś w znacznym stopniu w czasie zawodów i musisz przywrócić ich normalny poziom.

Regenerację może przyspieszyć też masaż, na który powinieneś udać się jak najszybciej po zawodach, a jeśli tylko masz taką możliwość – weź zimną kąpiel w ciągu kilku godzin bezpośrednio po dotarciu do mety.

PIERWSZY TYDZIEŃ

Przez kolejnych siedem dni będziesz mówić wyłącznie o maratonie: w kółko opowiadać każdej napotkanej osobie o swoich 42 km. Nie martw się tym, czy nie zanudzasz swoich słuchaczy – masz do tego prawo! Być może nie rozstaniesz się ze swoim medalem nawet na chwilę i każdemu, kto wykaże najmniejsze zainteresowanie, dasz możliwość podziwiania obiektu twojej dumy. Emocje szybko nie opadną i zapewne trudno ci będzie uwierzyć, że jest już po wszystkim.

Zmęczenie i objawy DOMS zaczną zanikać, ale przynajmniej przez pierwszy tydzień twoje ciało będzie jeszcze pamiętać o swoim wyczynie. Bieg maratoński to ekstremalny wysiłek i proces regeneracji musi potrwać. Powrót do pełnej formy zajmie wiele tygodni, więc nie ma mowy o podobnych wyczynach w najbliższym czasie. Najwięksi sportowcy biegają tylko dwa lub trzy maratony rocznie i jest ku temu powód – nie byliby w stanie osiągać tak dobrych wyników, gdyby nie dali sobie odpowiednio dużo czasu na regenerację. To samo dotyczy osób, które startują w maratonie po raz pierwszy.

Wskazówka
Chodzenie po schodach, bieg do autobusu i wiele innych czynności, które uznajesz za normalne, zacznie ci sprawiać kłopoty, ale bądź cierpliwy – w ciągu kilku dni zaczniesz wracać do normalności.

Mniej więcej w środę możesz nabrać ochoty na lekki trucht i jeśli tak będzie, wykorzystaj to. Wspomoże to proces regeneracji i otworzy ci drogę ku kolejnemu wyzwaniu. Im dłużej będziesz odkładać pierwszy bieg po maratonie, tym będzie trudniejszy. Nie przesadzaj jednak, bo jeśli za wcześnie wypuścisz się za daleko, możesz przeszkodzić w procesie regeneracji; zacznij od lekkiego biegu przez 30–40 minut.

Pod koniec tygodnia może ci zacząć brakować treningu – poczujesz, że czegoś w twoim życiu brakuje.

PIERWSZY MIESIĄC

Po tygodniu wszystko zaczyna się zmieniać. Jeśli startowałeś z ramienia organizacji charytatywnej, pora się rozliczyć, a to wcale nie musi być łatwe. Być może nadal czekasz na pieniądze od kilku sponsorów. Najlepiej, jeśli zebrałeś większość pieniędzy wcześniej, w przeciwnym wypadku najważniejsza będzie wytrwałość. Dotrzymałeś słowa; teraz musisz się postarać, żeby sponsorzy zrobili to samo.

Zainteresowanie twoimi opowieściami o maratonie będzie coraz mniejsze i choć nigdy nie zapomnisz tego wyjątkowego dnia, wspomnienia zaczną coraz bardziej blednąć.

Po kilku tygodniach poczujesz, że naprawdę odzyskujesz siły, i choć bieganie może nadal wydawać się zbyt dużym wysiłkiem, pod koniec trzeciego tygodnia będziesz w stanie biegać już prawie swobodnie; mimo to nie przesadzaj z dystansem.

Jeżeli wcześniej nie zastanawiałeś się nad kolejnym wyzwaniem, bardzo możliwe, że zaczniesz myśleć o nim teraz. Dla wielu osób udział w maratonie to tylko udział w maratonie i nic ponad to. Wiele osób tak właśnie myśli na początku swoich przygotowań, ale to może się przecież zmienić.

Wskazówka
Przekroczenie linii mety może mieć na ludzi różny wpływ. Wiele osób mówi: nigdy więcej, ale wiele nie może się doczekać kolejnych zawodów, zaskakując tym samych siebie.

Dla niektórych maraton od pierwszego dnia treningu staje się pierwszą imprezą sportową na drodze do sprawności fizycznej, która usiana będzie wieloma różnymi wyzwaniami, takimi jak półmaratony, triatlony lub inne dyscypliny sportu.

Niezwykle istotne jest, żeby wyznaczyć sobie szybko kolejny cel, inaczej w ciągu kolejnych miesięcy po starcie twój udział w nim może stać się jedynie mglistym wspomnieniem, które stopniowo ustępować będzie wieczorom spędzanym przed telewizorem. Jak przekonuję w kolejnym podrozdziale, lepiej jest pomyśleć o kolejnym wyzwaniu jeszcze przed ukończeniem pierwszego maratonu, lecz jeśli zostawiłeś planowanie na ostatnią chwilę, zajmij się nim natychmiast po wbiegnięciu na metę. Im dłużej będziesz zwlekać, tym trudniej będzie ci znowu coś osiągnąć.

WYZNACZANIE KOLEJNEGO CELU

Udział w maratonie to ogromny wyczyn i dla wielu osób doświadczenie zmieniające ich życie, rozpoczynające nowy rozdział. Tak ogromne wyzwanie fizyczne bez wątpienia zmienia pogląd na świat.

Wykorzystanie takiego efektu w znacznym stopniu zależy od tego, co zrobisz zaraz po maratonie. Oczywiście dobrym pomysłem jest porządnie wypocząć, jednak bez jasno wytyczonego celu odpoczynek może się wydłużyć w nieskończoność.

Łatwo jest myśleć o kolejnych wyzwaniach, ale trudniej wprowadzić je do swojego kalendarza, by utrzymać doskonałą formę fizyczną i wziąć udział w kolejnej imprezie biegowej. Jeżeli nie masz więcej ochoty na coś podobnego, w porządku, ale bardzo możliwe, że będziesz chciał to powtórzyć, i to niedługo. Bez dobrego planu za rok z żalem spojrzysz na zgromadzone dodatkowe kilogramy i straconą szansę. Jak zapobiec takiej sytuacji? Trzeba stworzyć szczegółowy plan.

Wskazówka
W trakcie przygotowań do maratonu będziesz koncentrować się wyłącznie na mecie, ale powinieneś też pomyśleć o tym, co chciałbyś zrobić po zawodach. To niełatwe zadanie, bo będą dopadać cię negatywne emocje i pomysł, żeby planować udział w kolejnej imprezie sportowej, wyda ci się niezrozumiały, ale jeżeli nie chcesz przerwać treningu po pierwszym maratonie, jest to niezwykle ważne.

Przez kilka tygodni, a nawet miesięcy po ukończeniu pierwszego maratonu będziesz mieć ochotę przede wszystkim poleżeć do góry brzuchem. Jeżeli jednak potrwa to zbyt długo, cały wysiłek, jaki włożyłeś w treningi, zostanie zaprzepaszczony. Wyznaczenie kolejnego celu w stosunkowo krótkim czasie pomoże ci kontynuować trening i pozytywne efekty udziału w zawodach będą jeszcze większe. Nie musi to być wielkie wyzwanie. Możesz na przykład wybrać półmaraton organizowany w twojej okolicy, dzięki temu pozostaniesz aktywny. To właśnie jest powód, dla którego warto wyznaczyć sobie następny cel. Czekające cię kolejne wyzwanie pozwoli ci zachować wysoki poziom sprawności; bez niego powrócisz do formy sprzed treningu.

Każdego roku tysiące osób po ukończeniu maratonu odkłada buty biegowe do szafy, bo tak postanowiły wcześniej albo po prostu nie miały planu. Może i chcą dokonać innych wielkich rzeczy, ale nic z tego nie wychodzi. Szybko znika ich doskonała forma fizyczna, a wraz z nią szansa na kolejne osiągnięcia.

Dla wielu innych osób przekroczenie linii mety staje się początkiem kolejnej przygody. Jest to grupa, której życie zmieniło się dzięki udziałowi w maratonie i otwierają się drzwi do nowych wyzwań. Większość zna swój kolejny cel jeszcze przed dobiegnięciem do mety i tak powinno być również w twoim przypadku. Zacznij planować swoją przyszłość w bieganiu już teraz.

Do której grupy chcesz przystąpić?

TWÓJ NASTĘPNY MARATON

Jeżeli należysz do tych, dla których pierwszy maraton prowadzi nieuchronnie do kolejnego, musisz wszystko porządnie przemyśleć i zaplanować.

Pięć największych zawodów na świecie, znanych pod wspólną nazwą największych maratonów świata, odbywa się w Londynie, Bostonie, Berlinie, Chicago oraz Nowym Jorku – i jeśli pierwszy raz pobiegłeś w którymś z nich, przeżyj podobne emocje i zdecyduj się na start w innym maratonie z tej piątki. Możesz też wybrać każdy inny maraton, choć wspomnienia mogą nie być wówczas równie niezwykłe. Istnieje oczywiście wiele wspaniałych zawodów, ale tylko nieliczne charakteryzują się dobrą organizacją i wsparciem dla uczestników. To ostatnie jest niezwykle ważne. Udział w wielkiej imprezie biegowej takiej jak Maraton Londyński rozbudzi twój apetyt. Będziesz wyobrażać sobie, że wszystkie zawody tego typu zapewniają tak ogromne wsparcie tłumu, ale tak niestety nie jest. Często tłumy widzów gromadzą się w okolicach linii startu, ale po kilku kilometrach tłum dosłownie znika i ma się wrażenie, że się biegnie samotnie.

Wartość dopingu widzów jest nieoceniona. Wielu maratończyków utrzymuje wręcz, że wiwatujący tłum okrzykami zachęty potrafi ponieść ich do mety na ostatnich kilometrach oraz, jeśli zdecydowałeś się umieścić na koszulce swoje imię, indywidualnie wspierając właśnie ciebie. Jeśli twój pierwszy maraton był jednym z największych, w trakcie innych zawodów będziesz się spodziewać wsparcia widzów na takim samym poziomie. Może to nieść rozczarowanie, gdy sytuacja ukształtuje się inaczej.

Zastanów się dobrze nad kolejnymi zawodami i jeśli zdecydujesz się na udział w jednym z największych maratonów, musisz zaklepać sobie w nim miejsce odpowiednio wcześnie. Może się okazać, że mimo ukończenia maratonu w Londynie nie uda ci się dostać do innego z wielkich maratonów, chyba że otrzymasz miejsce z ramienia organizacji charytatywnej. Ze strony www.domore.pl możesz się dowiedzieć więcej na temat startów charytatywnych. Największe maratony cieszą się ogromną popularnością i miejsca w nich idą jak świeże bułeczki, dlatego trzeba wcześnie się decydować. Nie czekaj ze zgłoszeniem do ukończenia pierwszego maratonu. Zrób plan długoterminowy i rezerwuj sobie miejsca z wyprzedzeniem. Może ci się wydać nadmiernym optymizmem rezerwować sobie miejsca w drugim i trzecim maratonie, choć nie ukończyłeś jeszcze pierwszego, ale to po prostu dobry plan, który da ci pewność, że wysiłek włożony w pierwszy start nie pójdzie na marne. Zachowasz sprawność oraz charakterystyczne dla maratończyków przekonanie o tym, że wszystko jest możliwe.

Jeśli uznasz, że jedna wielka impreza wystarczy, i najdzie cię ochota na coś innego – masz ogromny wybór. W tym przypadku mądry plan również jest podstawą. Do niektórych zawodów można się zgłaszać stosunkowo późno, ale w wielu może już nie być miejsc na kilka miesięcy przed dniem startu. Wyjątkowe imprezy, takie jak maraton na Antarktydzie, maraton przez Wielki Mur Chiński oraz maraton pod Mount Everestem przyjmują niewielu uczestników i są organizowane w pakiecie z przejazdem, zgłoszenia przyjmowane są więc nawet z rocznym wyprzedzeniem. Są to ambitniejsze imprezy dla bardziej doświadczonych biegaczy, ale warto zainteresować się nimi, kiedy ma się już kilka tradycyjnych zawodów na koncie. Również w Europie jest sporo interesujących imprez: maraton w Pradze, Sztokholmie czy Midnight Sun Marathon w Tromsø (Norwegia), który rozpoczyna się o północy w pełnym blasku słońca! Wszystkie te wydarzenia zapewnią ci niezapomniane przeżycia, nie spodziewaj się tylko, że widzowie będą cię dopingować na całej długości trasy zawodów.

Co do Wielkiej Brytanii: warto zauważyć, że żaden organizowany na Wyspach maraton nie może się równać z londyńskim. Jest on wyjątkowy, a jeśli wybierzesz inny brytyjski maraton, może to być zupełnie inne doświadczenie. Niektóre zawody polegają na dwu- lub trzykrotnym okrążeniu danej trasy, inne reklamują się jako zawody miejskie, podczas gdy trasa przebiega głównie wiejskimi drogami, w większości jednak najistotniejszym brakującym elementem jest publiczność. Nie przesadzam. Maraton Londyński to jedyna impreza biegowa w Wielkiej Brytanii, która przyciąga tłumy mieszkańców Londynu oraz turystów, i żaden inny brytyjski maraton nie może się z nim równać.

Osoby mieszkające w Stanach mogą wybierać pomiędzy Nowym Jorkiem, Bostonem i Chicago, choć odbywa się tam wiele innych imprez mogących pochwalić się dobrą organizacją i znacznym zainteresowaniem ze strony widzów. Na początek jednak polecam któryś z tych trzech.

Bez względu na to, który maraton wybierzesz na swoje drugie zawody, pamiętaj, że będzie to doświadczenie odmienne od startu w pierwszym maratonie. Udział w maratonie pierwszy raz w życiu ma w sobie coś wyjątkowego, i nie chodzi o to, że drugi będzie gorszy – będzie inny. Nieważne, ile razy przekroczysz metę biegu maratońskiego, to uczucie jest zawsze wspaniałe!

10 NAJWAŻNIEJSZYCH PUNKTÓW

1. Na mecie podziel się euforią z rodziną i przyjaciółmi.
2. Przygotuj się na ogromne emocje w okolicy mety.
3. Mimo chaosu i ekscytacji nie zapomnij się porozciągać.
4. W ciągu 24 godzin po zawodach wykonaj kilka serii rozciągania i nawadniaj się, żeby zminimalizować zakwasy.
5. Pomóc mogą masaż oraz zimna kąpiel w ciągu kilku godzin po zawodach.
6. Musi upłynąć wiele tygodni, zanim będziesz w stanie podjąć kolejne poważne wyzwanie fizyczne.
7. Przebiegnij się znowu mniej więcej trzy dni po maratonie, ale powinien to być lekki trucht trwający 30–40 min.
8. Należy wyznaczyć sobie kolejny cel; może to być krótszy bieg lub kolejny maraton.
9. Jeśli złapałeś bakcyla i chcesz dalej biegać w maratonach, dowiedz się, jakie są możliwości, i zarejestruj się na kolejne zawody.
10. Po maratonie prawdopodobnie będziesz w najlepszej formie w swoim życiu – nie pozwól, żeby cała twoja ciężka praca poszła na marne, trenuj dalej!

JESZCZE WIĘCEJ O BIEGANIU

Największe polskie portale biegowe to: maratonypolskie.pl – tu możesz sprawdzić między innymi kalendarz imprez biegowych; bieganie.pl – tu znajdziesz plany treningowe, które możesz wykorzystać; biegajznami.pl – strona dla pasjonatów, jeśli chcesz, wykorzystaj ją, by dołączyć do ich grona. To strony dla osób aktywnych, prowadzących zdrowy tryb życia, na których znajdziesz wiele artykułów o bieganiu, sprzęcie, zdrowiu, diecie i odżywianiu. Spotkasz tam wielu innych entuzjastów biegania, z którymi możesz wymieniać pomysły i doświadczenia.

O działalności charytatywnej możesz dowiedzieć się ze strony domore.pl.

Na www.worldmarathonmajors.com znajdziesz informacje o pięciu największych maratonach świata. Odwiedź też www.virginlondonmarathon.com, jeśli interesuje cię udział w Maratonie Londyńskim. Na zakładce Raising Money znajdziesz informację o tym, jak pobiec charytatywnie.

Indeks